人一倍時間がかかる人のための

すぐ書ける文章術

ムダのない大人の文章が書ける

吉田裕子
Yuko Yoshida

ダイヤモンド社

はじめに

文章力は技術を意識的に学べば、後天的に誰でも身に付けられる！

文章力はほかでもない現代に必須の能力であると感じます。

かつてはビジネスでもプライベートでも連絡手段といえば電話でしたが、それがあっという間にメールに置き換わりました。顧客や取引先の顔を見ないまま、メールだけで仕事が進むのも珍しいことではありません。

画像や動画中心のメディアが隆盛ですが、一方、Twitterなどの文字情報中心のメディアにも人気があります。新聞を読む人は減ったといわれますが、それはインターネット上のニュースに切り替えた人が多いのであり、結局は文章でニュースに触れているわけです。

テレビ番組の内容を書き起こし記事で確認するという人もいます。動画の場合、一定の時間、画面の前に拘束されることになりますが、活字の場合、関係ない部分を読み流しながら、自分にとって重要な部分だけを吸収できるからです。結果として短時間で情報収集ができます。忙しい現代だからこそ、自分のペースで情報を得られる文字メディアの価値が高まることでしょう。

だからこそ、**現代人は文章力を高めておいたほうがいい**のです。

文章を書くのに、苦手意識を持つ必要はもうない！

私たちは大人になるにつれ、さまざまな能力を身に付けていきます。年を重ねるにつれ、自然にできるようになることもありますが、「文章を書く」という点に関しては、強烈な苦手意識を抱え続ける人も多いのではないでしょうか。

- 文章をうまく書けない。
- とにかく書くのに時間がかかる。
- 書こうとすると疲れる。気が重い。
- 何が言いたいかわからないと言われてしまう。

こうした悩みをよく聞きます。

私は以前、社会人向けの通信講座を多数開講している産業能率大学 総合研究所で、「文章力を磨く」という講座のテキストを執筆しました。この講座は、多くの講座の中でも五本の指に入るほどの人気なのだそうです。企業が若手の研修課題に指定する例もありますが、何を受けるか自由に選べる企業でも、「文章力を磨く」を選んで受講する方が多いそうです。これもまた、大人になっても文章に苦手意識を持っている人が多い証と言えるでしょう。


現在、学校の国語教育は「読む」一辺倒から「読む・書く・聞く・話す」に移行しつつあります。それでもなお、「書く」ことについての教育は不親切であると感じます。作文や感想文、小論文などを書かされる機会があるにしても、「どのように書けばいいのか」をほとんど教えられないまま、いきなり書けと言われてしまうのです。

原稿用紙3枚はどうやったら埋まるのか、どうしたら説得力がある文章になるのか。そうしたことを教えられずに、とにかく「原稿用紙3枚分書きなさい」と言われるので、どうしていいかわからず途方に暮れてしまう子どもが出るのです。文章構成の概念もないままに、規定字数を埋めるために、ひたすら何かを書き、何となく仕上がっている、というパターンが多いと思います。

上手な子が先生から褒められたりコンクールで賞を取ったりしますが、この子の文章は具体的にこういう点で優れているという技術的な分析はあまり紹介されません。したがって、うまくいった当人にも周囲にも、書き方のノウハウが蓄積されないのです。単に「あの子はすごい」「自分のはダメだったんだ」という人の問題で終わってしまうわけです。

賞などに選ばれた子は「自分は文章が得意だ」という自信を得るので、それからも積極的に書いていくでしょう。それでどんどんうまくなっていきます。一方、選ばれなかった子は、文章に関して苦手意識を持ち、書くことを敬遠しがちなので、そのままの力で大きくなってしまいます。それで差が開いてしまうのは、もったいない限りです。

多くの人にとって必要な実用的方面の**文章力は、意識的に技術を学ぶことで、後天的に誰でも身に付けられる**はずのものなのです。

文章技術の習得は数学学習に似ています。

数学ではまず、公式がどう成り立つのかを証明で理解し、公式を覚え、それを使用する簡単な練習問題を解きながら身に付けます。その後、応用問題に挑戦します。

この学びの順番を文章を学ぶことにも応用すればいいのです。効果的な文章技術を理解し、公式化し、それを簡単な練習問題で定着させ、実生活の文章作成に活かす。得意な人も苦手な人もいるでしょうが、こうしたサイクルで一歩一歩学んでいけば、文章力は身に付かないはずがないのです。

本書は、こうした順序で文章の基礎や実践的テクニックを学んでいただけるよう、解説を組み立てました。本文解説を読み、「読んでみよう」「書いてみよう」といった練習問題に取り組んでいただければ、文章作成のコツが身に付きます。そして、意識的に会話に取り入れることで、会話も文章も上手になっていきます。

文章力を活かせば、仕事を効率化できる

文章のうまい人はやはり、アウトプットの量が多いです。インプットも大切なことですが、それ以上にアウトプットが重要です。

私は受験生時代、通信添削を利用して学習していました。今思えば、添削の指摘を読んで学ぶ以前に、添削をされるという緊張感のもと、工夫して答案を作成し、推敲を重ねて練り上げるという過程自体に学力の伸びるチャンスがあったのです。

見られると想定して文章を書くことを繰り返すと、自分の文章を客観視できるようになります。客観的に見て、いいところを伸ばし、悪いところを直せば、文章は確実にいいものになります。文章のうまい人はアウトプットを繰り返しながら、どんどん上手になってきたのです。

もちろん、インプットも重要です。本や新聞を読むというインプットは、語彙や文体の基盤を作ります。しかし、同じ本を読むにしても、書く習慣がある人とない人とでは、まなざしが違うのです。

もしミュージシャンが他のミュージシャンのライブに行けば、曲の構成や音響設備、照明の使い方などの演出を「こういうやり方があるんだ」「自分ならこうするな」などと、自分事と捉えて観察するでしょう。それと同じです。文章を書く人は、文章の読み方が変わり、一つの文章から学び取れることが多くなるのです。

そういえば昔、音楽の先生が腹式呼吸のコツを教えてくれたことがあります。まず吐き切ること、吐いて吐いて肺を空っぽにすることだ、と。吐き切れば、あとは力を抜くだけで自然と息が肺に入ってくるので、吐くほうに意識を向けましょう、と。

文章も同じで、まず書いて書いて書き切ることです。そうすれば、自分に足りないもの、学びたいことについての本を自然と手に取るようになります。


文章の力を身に付けると、レバレッジが効きます。

文章自体に説得力があるなら、暑い中の外回りの営業も要らなくなるかもしれません。昨今、在宅勤務の制度が広がっていますから、メールのやり取りで、仕事を的確に進められるなら、満員電車や遠距離通勤を避け、自分のペースで仕事ができるかもしれません。


文章力を活かせば、仕事を効率化できるのです。

読者の皆さんが、文章を自由に書けるようになるだけでなく、文章力を通じて仕事や人生の自由度を高められるようになること。それを究極の目標として本書を執筆しました。

ぜひ文章力という自由の翼を手にしていただけたら幸いです。

人一倍時間がかかる人のための

すぐ書ける文章術

ムダのない
大人の文章が書ける

目次

はじめに

第1章

国語の先生でも明確に答えられない文章の基本

第2章 言いたいことがきちんと伝わる文章の作り方

第3章 魅力が10倍増す文章の作り方

第4章 人にわかりやすく説明するときの文章の作り方

第5章 「書く」の実践トレーニング

第1章

国語の先生でも明確に答えられない文章の基本

文の区切りはしっかり伝えよう

厄介なのはどちらでしょうか？

厄介な取引先とのトラブルを放置してはいけない。

①取引先
②トラブル

ふたえにしてくびにかけるじゅず。

これは、一休さんが出したとも、近松門左衛門が出したともいわれている問題です。

この文はどういう意味でしょうか。

面倒なことに、「ふたえにしてくびにかけるじゅず」という文は、次のような2通りの解釈ができてしまいます。

①二重にして、首にかける数珠。
②二重にし、手首にかける数珠。

読点（、）や漢字変換などで区切りをはっきりさせなくては、誤解が生まれてしまうわけです。

これは、冒頭で出題した「厄介な取引先とのトラブルを放置してはいけない」も同じです。問題を出しておいて恐縮ですが、この文だけでは、取引先が厄介なのか、トラブルが厄介なのか決められないのです。本来は、読み手がどちらか迷わないよう、明確に書くべきでしょう。たとえば、

- あの取引先は厄介だ。あそことのトラブルは放置してはいけない。
- 取引先とのトラブルが厄介なことになったら、放置してはいけない。

というように書き改めるべきなのです。

区切り目がわかりづらく、読みにくい文を挙げます。矢印の先の改善例と見比べてください。

・漢字やひらがなが続く

×人気歴史小説最新刊第五巻は来月発売！

⬅

○人気の歴史小説、最新刊（第五巻）は来月に発売！

×まだなおさりげない根回しが求められる。

⬅

○まだなお、さりげない根回しが求められる。

・文のまとまりの切れ目に読点（、）がない

×ヒットは確実と言われたが振るわずに終わった。

⬅【逆接の接続助詞「が」の後には「、」を】

○ヒットは確実と言われたが、振るわずに終わった。
×子どもの頃から長年アメリカで暮らした影響が表情や仕草に感じられる。
⬅【長い主語「子どもの～影響が」の後には「、」を】
○子どもの頃から長年アメリカで暮らした影響が、表情や仕草に感じられる。

少し時間を空けて、自分自身で音読してみると、読みづらい箇所がよくわかります。右の×のような文はスムーズに音読できません。

また一般に、こうした読みづらさは一文が長くなるほど発生しやすいものです。主語と述語関係がねじれてしまう現象も長い文ほど発生します。それらを防止するためにも、一文はあまり長くならないようにしたいもの。平均で30字前後、最大でも50字程度におさまるよう心がけましょう（目安としては、この本の1行が約40字です）。

モットーは「一文一事」。多くの事柄を一文に詰め込もうとせず、潔く文を切るのです。

たとえば、「○○ので、～。」という理由＋結論の文をよく見かけます。それでは長くなりがちなので、「（結論）。なぜなら（理由）。」という順の二文にしましょう。

短い文×2にしたほうが読みやすいのです。

また、一文が長くなる人というのは、長い修飾語を書きがちです。修飾語とは、後ろの言葉を詳しく説明する部分のことです。「赤いリンゴ」の「赤い」、「遥かかなたの惑星」の「遥かかなたの」です。文が長い人は、

- ここ数年で急成長を遂げた医療機器開発で名高いA社（A社にかかる修飾語）
- 高校の演劇部で一緒だった市立病院の看護師の先輩（先輩にかかる修飾語）

という書き方をしがちなのです。この後ろに述語が続くと、さらに長い文になります。1回読んだだけでは、意味を理解できない文ができてしまうのです。

- 医療開発で名高いA社は、ここ数年で急成長を遂げた。
- 高校の演劇部で一緒だった先輩は、市立病院で看護師をしている。

長い修飾語は避け、主語と述語のかたちにするなど、文の構造をわかりやすくしま

しょう。すらすら音読できる、簡潔で読みやすい文章を！

練習問題　読んでみよう

次の文が読みやすくなるよう、読点（、）を付けたうえで音読してみましょう。

先月御社からお借りした新商品のサンプルは上長もお客様もみなお気に入りでしたので継続的に採用したいと考えております。

練習問題　書いてみよう

次の文を3つに分け、書き直してみましょう。

マーケティングとは、商品が生産者から消費者に至るまでの間の流通プロセスを方向付けるための企業活動を指し、消費者のニーズに応える製品を大量生産し、大量販売を促進できるようにするための市場調査、製品計画、広告その他の販売促進などの広範な活動を総称するものである。

〈読んでみよう　解答〉

先月、①御社からお借りした新商品のサンプルは、②上長もお客様もみな、③お気に入りでしたので、④継続的に採用したいと考えております。

①漢字が続くので、読みにくい

②長い主語の後には区切りを入れる

③「みなお気に入り」の「みなお」とひらがなが続くのが読みにくい

④二文を接続助詞でつないでいる部分は、区切るほうが理解しやすい

〈書いてみよう　解答例〉

マーケティングとは、商品が生産者から消費者に至るまでの間の流通プロセスを方向付けるための企業活動である。消費者のニーズに応える製品を大量生産し、大量販売を促進できるようにすることを目的とする。市場調査、製品計画、広告その他の販売促進などの広範な活動を総称してマーケティングという。

※一文が50字程度になるよう、区切って改めました。

話す中でもトレーニング

○1回の発言は5秒以内を目安にしよう。

○一人で話し続けず、「一言⬇聞き手のリアクションの確認⬇一言⬇聞き手のリアクションの確認」という流れを意識しよう。

具体例とともに述べれば、意見が伝わる

空欄を埋めてみよう

来期はもっと頑張ろう。

たとえば、（　　　　　　　　　　　　　　）。


「何が言いたいのかわからない」と言われたことはありませんか？

その原因の一つは、意見が漠然としていることです。漠然とした書き方では、読み手が「結局何のこと？　私は何をしたらいいの？」と戸惑ってしまいやすいのです。

意見ははっきりと述べたほうが伝わります。

では、「はっきりと」とは、どういうことなのでしょう？

たまに、この「はっきりと」は語気の強さだと誤解している人がいます。それでよくいるのが、「絶対にうちの職場は変わったほうがいい。本当に！」と強い口調で述べるだけの人——。これでは、結局何をどう変えたらいいのかわからないのです。

「うちの職場は変わったほうがいい。まずは、無駄な会議を減らすところから」というように、全体の方向性を大きく語った後、具体的に語られると納得できます。

冒頭の問題もそうです。「もっと頑張ろう」というだけでは抽象的で、漠然としています。このままでは熱いメッセージも右から左に通り抜けてしまう恐れがあります。

そこで、ここに具体例を付け加えます。

来期はもっと頑張ろう。たとえば、お問い合わせくださった方からより確実にご契約いただけるよう、提案力を磨いていこう。

こうすると、読み手にイメージが浮かぶようになります。

そうなってこそ、「自分はそれに対して何ができるかな」と考えるのです。自分事として受け止めるので発想が広がり、実際の行動につながります。

頑張る・ちゃんとやる・終わらせる
⬇「何をいつまでに」「どうやって？」で具体化

これは、感想を述べるときも同様です。

「面白かった」の一言で終わってしまう人がいますが、それはもったいない。「特に、〇〇のシーンが●●でした」と具体的に「どこ」が「どう面白かったか」を付け加えるのです。そうすると、最初の「面白かった」という意見にも真実味が出てきます。

これは、自分が言われた側になった場合を想像するとわかりやすいです。「面白い！」と言われたら、「特にどこが？」「どんなふうに？」と聞き返したくなりませんか。自分が感想を書く際には、最初からその具体例を添えて書けばいいのです。

面白い・好きだ・楽しかった・いい・すごい
⬇「特にどこが？」「どんなふうに？」で具体化

なお、意見と具体例の順序は入れ替えることもできます。

相手とイメージを共有したい場合には、具体例から話を始めるといいでしょう（後ろにまとめが来るので、尾括型《びかつ》と呼びます）。

具体例　杖をついているおばあちゃんがいたら、席を譲ったほうがいいですよね。まとめ　困っている人がいたら、自然と助けられる人になりたいものです。

逆に、報告や依頼など、ビジネスの文章では、先に結論を伝え、その後で具体的な話に入ったほうがいいでしょう（頭括型《とうかつ》）。

文章が長くなってきた場合は、まとめと具体例とを交互に書きます。

まとめ　今回のプレゼン、面白かったです。具体例　特に、机に最適な素材にたどり着くまでの過程は興味深く拝聴しました。あの角の部分にもあれだけの改良の歴史がおありなのですね。そうした細部までの気配りが、A社製品のクオリティを支えているのだと実感いたしました。まとめ　我々一同、プレゼンに感銘を受けておりまして、ぜひ導入したいと考えております。

最初と最後それぞれにまとめを付ける双括《そうかつ》型の場合、単に同じまとめを繰り返すだけではつまらない文章になってしまいます。後ろのまとめで、より踏み込んだ言い方をすると意見が強く印象に残ります。

練習問題　書いてみよう

まとめ➡具体例の順で、次のテーマについて意見を述べましょう。

①自分の好きな映画・ドラマ　②今年の目標

練習問題　読んでみよう

次の文章3つはまとめと具体例が組み合わされています。次の①～③のどれに該当するか選んでください。

①まとめ➡具体例（頭括型）
②具体例➡まとめ（尾括型）
③まとめ➡具体例➡まとめ（双括型）

A　読書はまず量である。古典的名作から流行りのマンガまで、とにかく数を読むことが欠かせない。乱読である。読書感想文の課題図書だけ読むような、絞り込んだ読書では、他でもない自分に響く一冊を見付けられない。量を読んでこそ、質の読書を語れるのである。

B　研修で重要なのは、一つひとつの仕事の意味を説明することである。意味を理解してこそ、現場での工夫が生まれる。新人が率先して電話をとるように指示する場合には、その応対が顧客からの信頼に大きく影響することを伝えるべきであろう。その重要さを知れば、丁寧な受け答えを心がけるし、どうすれば好印象を与えられるか工夫をするものである。

C　東大に現役合格した先輩の受験体験談なら、受験生は熱心に聞きます。甲子園に出場した選手のアドバイスなら、高校球児は必死に聞きます。実践している人の言葉は重みを持って響くのです。

〈書いてみよう　解答例〉

①私の好きな映画は『シン・ゴジラ』である。さまざまな人物が自分のできることを探し、主体的に行動する姿勢に胸を打たれる。

②今年は健康に気を付けたい。生活リズムを整えるとともに、少し痩せたい。

〈読んでみよう　解答〉

A ③　**B** ①　**C** ②

話す中でもトレーニング

- 意見を言うときは、まとめ（結論）の後に「たとえば」「詳しく言うと」などと続け、具体化を図ろう。
- 自分の発言が長くなってきたら、「つまり」「要するに」とまとめを付けよう。

3点セットで説得力がバツグンに上がる！

空欄を埋めてみよう

納豆が好きだ。なぜなら（　　　　　　　　）。
たとえば、（　　　　　　　　　　）。

文章に説得力を持たせたい。そう思ったときにイメージすべきは、自分とは意見が正反対の人です。ちょっと頑固者で、何か言うたびに「それは違うと思うな〜」「それはあり得ないよ」と頭ごなしに否定してくる人、身近にいませんか？　そんな誰かを思い浮かべてください。

逆の意見を持つ、厄介な頑固者——そのような人でも説得できるように、話を入念に組み立てるイメージで書いてみましょう。一番手強《てごわ》い相手を想定して書けば、結果として多くの人を説得できる文章になります。

ここでも、そんな想定で文章を書いてみましょう。

まず、あなたは納豆が大好物の人だとします。毎日三食食べてもかまわないと思うほどの納豆愛好家になったつもりでお願いします。

イメージはできましたか？　ただ、納豆の場合、苦手な人もいますね。「納豆はあんまり……」という友人に、大好きな納豆の魅力を伝え、興味を持ってもらいたい——さあ、どのように語りますか？（ここで一度、本を閉じて文章を考えていただければ幸いです）

さて、こういう文章だと、どうでしょうか。

納豆は最高だよ。本当にいい。昔から大好きなんだよねえ。納豆はやっぱりいいよ。本当に素晴らしいと思う。納豆万歳！

納豆好きな人は、ウンウンと頷いてくれそうですね。ただ、それ以外の人が読んだら？　正直な話、鬱陶《うっとう》しいのではないでしょうか。

最高＝いい＝大好き＝やっぱりいい＝素晴らしい＝万歳と、ずっと納豆を讃え続けるばかりで、納豆を特に好きでない人からしたら、共感するどころか、逆に引いてしまうはずです。

少し手を加えてみましょう。

納豆は最高だよ。なぜなら、おいしいから。本当においしくて、素晴らしいと思う。

「なぜなら～」と、理由の説明が入りました。ただ、これも十分とはいえません。おいしいと思っていない人からすれば、共感・納得できないことを繰り返されているだけです。

多くの人に納得してもらうには、意見・理由にもう一つ、具体例を加えた3点セットで語るのがおすすめです。事例は客観的な証拠で、誰もが認めざるを得ませんからね。「100パーセント共感！」とまではいかないにしても、ある程度、頷くところまでは持っていけます。

納豆が好きだ。なぜならいろいろな味付けができて飽きないから。たとえば、わさびやからしを入れたり、七味唐辛子をかけたり、卵と一緒に混ぜたりできる。

たとえ納豆を好きでない人であっても、多種多様な味付けの仕方がこの世に存在するという客観的事実の部分までは否定することができません。「まあ、たしかにね……」と受け入れるしかないのです。

理由付けがもう少し主観的であっても、具体的に語ることで「たしかに」という頷きを引き出しやすくなります。

納豆が好きだ。なぜなら、おいしいから。たとえば、タカノフーズの「しそ海苔納豆」は、紫蘇《しそ》の香りがさわやかで、少し甘みのあるタレも食べやすく、初心者にもおすすめだ。

このように詳しく語れば、ただ「おいしい」と連呼するよりも、客観的な意見に聞こえますね。

このように、意見・理由・具体例を3点セットで述べてこそ、説得力が発揮されるのです。3点セットで書くことを心がけてください。

慣れるまでは、多少わざとらしくとも、意見の後に接続語「なぜなら」「たとえば」で始まる文を付ける習慣を持つといいでしょう。

慣れてきたら、接続語を取ったり、使う順序を入れ替えたりして、文章ができるだけ自然に流れるよう工夫してみます（この段階になれば、中・上級者です！）。

3点セットを自分のものにすれば、その後は理由を二つ挙げるなど、さらに複雑な文章にも発展させていくことができるでしょう。

練習問題　書いてみよう

3点セットを利用し、あなたの職場や学校、家庭の中での課題に対し、改善提案の文章を書いてみましょう。

練習問題　読んでみよう

次の文は意見・理由・具体例の3点セットで書かれています。どこがどれに当たるか、線を引いて確かめてみましょう。

地方移住促進のパンフレット

Ａ市に住んでみませんか。Ａ市は、適度に都会で、適度に田舎です。駅周辺には図書館や映画館を備えた商業施設があり、今冬にはさらに大型の複合施設がオープンします。一方、市街地から車で三十分ほど走れば、子どもたちが川で水遊びできるスポットがあったり、温泉でゆっくり過ごせたりします。

〈書いてみよう　解答例〉

毎週水曜のノー残業デーには、遅くとも19時にはビル全体を消灯・施錠するようにしたほうがいい。なぜなら、実際には、多くの人がノー残業デーにも遅くまで仕事をしているからだ。たとえば、私の課のＡさんやＢさんは、タイムカードを定時に通すだけ通して、21時近くまで残業している。

〈読んでみよう　解答〉

[意見]A市に住んでみませんか。[おすすめする理由]A市は、適度に都会で、適度に田舎です。[都会であることの具体例]駅周辺には図書館や映画館を備えた商業施設があり、今冬にはさらに大型の複合施設がオープンします。一方、[田舎であることの具体例]市街地から車で三十分ほど走れば、子どもたちが川で水遊びできるスポットがあったり、温泉でゆっくり過ごせたりします。

話す中でもトレーニング

○会議中に意見を述べる場合も、意見＋理由＋具体例をセットにして主張しよう。

○他の人が、思い込みや個人的な好き嫌いだけで意見を言っていると感じたら、「どうしてですか？」「たとえば、どんな例がありますか？」と質問してみよう。

接続語をフル活用して読みやすくする

空欄を埋めてみよう

お花見当日は雨が降った。だから（　　　　　　　　）。

お花見当日は雨が降った。しかし（　　　　　　　　）。

接続語はその名の通り、文と文を接続する言葉です。文同士の関係を示し、文章の流れを明快にします。

読み手は接続語を使って、後ろの内容を予想しながら文章を読んでいます。

右の空欄も、皆さん予想を付けられたのではないでしょうか。一文目は、お花見当日は雨が降った。だから（　お花見は中止になった　）。

と埋めたのではないでしょうか。順接の接続語「だから」が付いていますので、まあ、雨が降ったら中止だろうな、と順当な展開を予想したでしょう。一方、２文目は、こうなりますね。

お花見当日は雨が降った。しかし（　お花見は決行された　）。

逆接の「しかし」がありますので、普通だったら中止だけど、少し無理をして決行したのだろう、と予想できるわけです。

このように、接続語は議論の流れを示し、後ろの内容を導く働きがあります。適切に接続語が使われていると、読み手の予想と実際の文章とがかみ合い、抵抗なく読み進めることができるのです。

ただし、接続語も付け過ぎはＮＧです。文章を読みやすくするはずの接続語ですが、過剰になると、かえって邪魔者に。文章が読みづらい原因になってしまいます。なめらかに読みやすい文章では、5文に1回程度でしょうか。

特に避けたいのは、「しかし」「だが」を連発する文章。「しかし」などの逆接の接続語は、それまでとは反対の内容を導く語です。それまでの流れ、読者の予想を裏切るものです。それが何度も続くということは、議論があっちに行ったりこっちに行ったりしているということなのです。

次にそういう文例を挙げてみますが、例文を作った私自身も読みづらく感じます。

> 人は、信念を持つことが大切だ。しかし、状況に応じて柔軟に対応するしなやかさも必要だ。だが、柔軟性が節操のなさになってはならない。自分のポリシーに基づき、越えてはならないラインを決めておくべきだ。けれども、そのラインも絶対的なものと考えないほうがいい。人は新たなことを知れば、考えが変わることもある。だが、直感的に醜い、卑しいと感じたことには近寄ってはならない。

こういう文になってしまったら、逆接が1回で済むよう議論を整理しましょう。

人には、状況に応じて柔軟に対応するしなやかさが欠かせない。新たなことを知れば、考えが変わることもあるので、現段階の価値観が絶対的なものであると考えないほうがいい。**だが、**柔軟性が節操のなさになってはならない。人は、信念を持つことが大切だ。自分のポリシーに基づき、越えてはならないラインを決めておくべきだ。直感的に醜い、卑しいと感じたことには近寄ってはならない。

柔軟性―（逆接）―信念の大切さ、と議論が整理されました。

なお、最終的な文章には多用しないほうがいいとしても、接続語は論理的に考えるヒントになります。多角的に物事を検討したり、考えを深く掘り下げたりするのに、接続語はパワーを発揮しますので、思考過程ではどんどん使ってみてください。

「逆に」という接続語を思い浮かべれば、自分の直感とは反対の意見を想定することができます。「つまり」という接続語を意識すれば、意見を端的にまとめられます。

会話や会議の中でも、意識的に活用してみましょう。

よく使う接続詞一覧表

役割	例	使い方	例文
順接	だから、そこで、したがって、すると	前の内容が原因・理由になって、後の内容が結果・結論を示す	売上が伸び悩んだ。そこで、販売促進のためにCMを打った。
逆接	しかし、だが、ところが、でも、それにもかかわらず	前の内容から予想される内容とは、逆の内容がくる	売上は下がった。しかし、利益は前年比10パーセント増だった。
並列	および、また、ならびにかつ	前の事柄に後の事柄を並べる	A社は6月に新製品発売だ。また、B社は7月だ。
添加	そのうえ、しかも、さらに、そして	前の事柄に後の事柄を付け加えたりする	今年も依頼してもらえた。しかも、昨年よりも数が多い。
対比	逆に、一方、他方	前の事柄と後ろの事柄を対比する	ヨーロッパ市場は順調だった。一方、アメリカ市場は険しい状況が続いている。
選択	または、あるいは、それとも、もしくは	前後の事柄のどちらかを選ぶ	ご自分で書き直しますか、それとも、こちらで代筆しますか。
説明・補足	なぜなら、ただし、なお、たとえば	前の事柄に後から説明を付け加える	チーム全体は好調だった。ただし、彼だけは目標未達だった。
換言	つまり、すなわち、要するに	同じ内容を別の言葉で言い換える	彼にすべて教えてもらった。つまり、彼が私の師匠だ。
転換	さて、では、ところで、それでは	話題を切り替える	お暑い中ありがとうございます。さて、本題に入りましょう。

練習問題　書いてみよう

①②に入る文を3つずつ考えてみよう。

彼が優勝するのは予想が付いていた。なぜなら、（　　　①　　　）。

彼が優勝するのは予想が付いていた。しかし、（　　　②　　　）。

練習問題　読んでみよう

次の文章の空欄に入る接続語を選択肢から選びなさい。

今は、品質のよいものも安く手に入れられる時代である。百均で買える食器や文房具だって、十分によいものだ。娯楽も同じである。（　①　）、マンガ。きれいな本を安く買える新古書店もすっかり定着した。（　②　）、マンガ喫茶を利用すれば、さまざまな作品をまとめて読むことができる。（　③　）、インターネットの普及・定着により、新たな状況が生まれた。ここで現れたのが、安価どころか無料でマンガを楽しむ層である。最新刊も週刊誌も違法にウェブ上にアップロードされてしまうのである。それを読むことが当たり前になっている人たちは、そもそも「マンガを読むためにお金を払う」という感覚を持っていない。（　④　）彼らが間違っていると思う。（　⑤　）、そういう価値観の人たちがいることを理解したうえで施策を考えたい。

選択肢　また　たとえば　もちろん　しかし　さらに

〈書いてみよう　解答例〉

①（なぜなら）誰よりも努力していたからだ。
（なぜなら）当日の朝会った彼が自信満々な顔をしていたからだ。
（なぜなら）彼以外にろくな選手が出場していなかったからだ。
②（しかし）これほど差が付くとは思っていなかった。
（しかし）あの選手が2位だとは予想外だった。
（しかし）いざ優勝を目の前で見ると、やはり感動した。

〈読んでみよう　解答〉

①たとえば（娯楽のうち、具体例としてマンガを挙げる）

②また　（新古書店とはまた別の、安価にマンガに触れられる手段の紹介）

③さらに　（安価から無料へ、より望ましくない状況になったことを示す）

④もちろん（「もちろん～」は「たしかに～」「当然～」「無論～」などと同様、対立する立場への譲歩を示す）

⑤しかし　（譲歩の後には、逆接の接続語を挟んで、自身の強調したい意見に移る）

話す中でもトレーニング

○行き詰まった話を「ところで」で切り替える、自分の意見を述べたら「なぜなら」と言って根拠を続ける、など、議論を接続語で交通整理してみよう。

「この」「その」は、どこを指しているのか？

選んでみよう

新宿駅には東口・西口二つの店舗がありますが、東口の店舗では賃貸物件は取り扱っていません（西口では取り扱っています）。そちらでは事前来店予約を受付中です。

「そちら」が指すのは？　新宿東口店・新宿西口店

右の問題、どちらと答えましたか？

西口の話はオマケみたいに（　）が付いているから、東口のほうかな？　でも、直前に挙げられているのは西口だしな――このように悩んだ方も多いのでは。

さて、正解を発表しましょう。

――実は、この文章ではどちらが正解なのか、確定することができません。少々ずるい問題ですが、この文章は2通り、どちらとも読み取ることができるのです。

本節で皆さんにお伝えしたいのが、こうしたわかりにくい指示語を使ってはならないということです。

同じことを繰り返し書かずに済むという点で、指示語は便利な表現ですが、濫用されると、文章が一気に読みにくくなります。指示語の使用はほどほどに。段落をまたいだら、もう一度もとの名詞を書くぐらいのつもりでいいのです。

特に、読み手にとってわかりにくいのが、「前者」「後者」。「前者」はどっちのことだったっけ、と前に戻らなくてはいけないとき、ストレスが発生します。

また、「前述の通り」「先ほども述べましたが」も、同様のストレスを生むことがあります。

現代の文章において最大の敵はこの読むときのストレスです。ウェブ上の文章なら、ストレス＝ブラウザを閉じる。そこで読まれなくなってしまうのです。抵抗なく、スムーズに読める文を目指す必要があります。前から順にすっと読み進められる書き方を心がけましょう。

練習問題　読んでみよう

次の文章において、傍線部の指示語が何を指すか確認しましょう。

古田氏は昨年、芥川賞を受賞した。①これは80年以上の歴史がある文学賞だ。クールな彼は特段、②そのことに感激している気配はなかった。しかし、本心は③そうではないことを妻が明かしてくれた。④そのことは本人には内緒にしておく。

〈読んでみよう　解答例〉

①芥川賞

②芥川賞を受賞したこと

③受賞に感激していないこと

④ひそかに受賞に感激していたことを妻が教えてくれたこと

話す中でもトレーニング

○「先程も申しました通り（さっき言った通り）」を封印しよう。

○「あれ、どうなった？」のように尋ねられたら、「○○でよろしいですか」と確認して誤解がないようにしよう。

第2章

言いたいことがきちんと伝わる文章の作り方

事実は事実として述べて、意見と区別して書く

空欄を埋めてみよう

1日は24時間。
だから、（　　　　）と思う。

情報が氾濫する現代、我々には、玉石混淆《ぎょくせきこんこう》の情報を見極める能力が求められています。情報リテラシーとも呼ばれる力ですが、そのうちの一つに、どこまでが事実で、どこからが書き手の意見なのかを区別する能力があります。この能力を身に付けていないと、事実誤認や不要ないさかいを生んでしまいます。

ちなみに、冒頭の空欄にはどのような内容を入れましたか？

A　1日は24時間。だから、有効に使わなくてはならないと思う。
B　1日は24時間。だから、何だってできると思う。

Aのように、24時間というのは限られた短い時間だと捉える意見があります。一方ではBのように、いろいろなことができる可能性のほうに注目する意見もあります。

このように、同じ「1日は24時間」という客観的事実から、人は多様な主観的意見を形成します。事実は皆で共有できますが、意見は人それぞれです。

この事実と意見の混同がトラブルの原因になります。

たとえば、自分の先輩が「こういうときはこう対処するものだ」と言っていたので、その通りに行動したら悪い結果になってしまった、というケース。それは先輩自身の体験から、「こういうときはこう対処したほうがいい」と先輩が個人的に思っていただけで、事実ではなかったのです。

Twitterの炎上の背景にも、この混同が見られます。

Aさんが「私はこう思う」と自分の意見を表明したとします。それはあくまで、個人的意見です。それに対し、見ず知らずのBさんが「そんなはずがない！　それはおかしい！」と怒りながら話しかけているのですが、これは事実と意見の区別が付いていない行動です。

Bさんが「こうではないと思う」と感じたとしても、Aさんが「こう思う」という意見を持っているのは勝手です。思想の自由なんです。

こうしたことから、私たちは、話を聞くときや文章を読むときに、事実と意見を区別しなくてはならないということがわかります。

余計なトラブルを避けるために、自分が文章を書く側に回った場合にも、この点を意識しましょう。事実と意見をはっきり分けて書く習慣を付けたほうがいいのです。

意見の部分に関しては、文末を、

- と思う。
- だろう。
- ではないか。
- と思われる。

のようにすれば、絶対の事実ではないことが伝わります。

また、文章全体の流れを見やすくすることで混同されないようにする方法もあります。

まず客観的事実を一通り述べ、その後に主観的意見を述べるという順序にすると見やすくなります。逆に、最初に自分の仮説（主観的意見）を述べ、その後にそれを裏付ける客観的事実を並べるという順序もあります。

ただし、ビジネスの場合、個人的な思い付きや趣味嗜好はあまり評価されません。意見を述べるにしても、できるだけ客観性を高める必要があります。だからと言って、単に「と思う」などの文末を取って、断定的に書けばいいわけではありません。それは事実と意見を混同して、嘘を吐《っ》いていることになります。

意見は意見としてわかるように書き、「なぜか」という理由・根拠の部分に、確実な情報を羅列することが必要です。

自分の文章を読み返したときに、以下のような主観的な表現が含まれていたら、その部分はあくまで個人的意見として打ち出すか、単なる感情や憶測で終わらせないような客観的な裏付けを添えるか、どちらかにしましょう。

- 面白い。

- すごい。
- 終わってる。
- ありえない。
- やばい。

これらの感情の根拠を探り、具体的な事実（売れ行きが落ちているなど）やデータ（顧客アンケートで顧客の〇パーセントが満足など）で裏付けることで、あなたの意見を客観的で、説得力のあるものにすることができるのです。

事実と意見を区別して誠実な文章を書くこと、意見の部分が独りよがりにならないよう客観的な根拠を添える工夫をすることの2点を心がけてください。

練習問題　書いてみよう

歴史的事件やニュースから一つの事柄を選び、記述しましょう。初めの1〜2文でその出来事について客観的に説明し、それに対してどう思うかを1〜2文で付け加えてください。

練習問題　読んでみよう

次の文章を読み、書き手の意見だと感じる文に線を引きましょう。

カーネル・サンダース氏がケンタッキーフライドチキンを創業したのは、65歳のときだった。住谷栄之資氏がキッザニアを始めたのも、60歳で会社を退職した後だった。幾つになっても、挑戦し続けなくてはいけないのだと気付かされる。往々にして、挑戦し続ける人は実年齢よりも若々しいものである。2016年の時点で、日本人の平均寿命は男性が80・98歳、女性が87・14歳である。人生はこれほどまでに長くなっている。健康寿命を伸ばすためにも生き甲斐になるものを見付けよう。

〈書いてみよう　解答例〉

事実　西暦1008年頃には『源氏物語』が生まれていた。紫式部の活躍時期は、シェークスピアよりも約600年早い。意見　それほど古い時代に、あれほど深い人間心理を描く物語が生まれたのは驚くべきことである。

〈読んでみよう　解答〉

カーネル・サンダース氏がケンタッキーフライドチキンを創業したのは、65歳のときだった。住谷栄之資氏がキッザニアを始めたのも、60歳で会社を退職した後だった。幾つになっても、挑戦し続けなくてはいけないのだと気付かされる。往々にして、挑戦し続ける人は実年齢よりも若々しいものである。２０１６年の時点で、日本人の平均寿命は男性が80・98歳、女性が87・14歳である。人生はこれほどまでに長くなっている。健康寿命を伸ばすためにも生き甲斐になるものを見付けよう。

そう感じるのは書き手の主観

「若い」と違い、「若々しい」は受け取った印象

長いと感じるかは人それぞれ

生き甲斐が健康寿命を伸ばすという根拠も示されておらず、書き手の考えと見られる

話す中でもトレーニング

○データ・事実と、個人的な意見・予想を明確に区別して述べるようにしよう（例：「ここからは私見ですが」「あくまで個人的な意見なのですが」など）。

○人の話を聞くとき、どこまでが事実で、どこからがその人の意見かを分類するつもりで聞いてみよう。

対比させて文を書くと、違いがはっきりわかる

空欄を埋めてみよう

『桃太郎』

昔々、あるところにおじいさんとおばあさんが暮らしていました。

おじいさんは（　　　）へ（　　　）に、

おばあさんは（　　　）へ（　　　）に。

本章では二項対立という書き方を学びます。比較を通じ、わかりやすく書く手法ですが、その効果を実感してもらうクイズを用意しました。

次ページの絵をご覧ください。

下の人は背が高いでしょうか、背が低いでしょうか。

――これだけではよくわかりませんよね。


では、こちらでは?

――おそらく背は低いのでしょうね。

一人だけ見せられても謎でしたが、二人並べられていると、高い・低いを言えるようになります。

この例でわかる通り、物事というのは、単独で観察していても、正確に把握することができません。他の何かと比較することで初めて、それぞれの特徴が理解できるようになるのです。
一つのものだけを見ていると、必要以上にそれを崇《あが》め奉る「絶対視」に陥るケースもあるのですが、他と並べて見てみると、それぞれのよい点、悪い点がわかるようになります。
比較によって思い込みや決め付けが薄れ、冷静に分析して評価することが可能になるのです。このことを「相対化」といいます。

論理的な文章を書くうえでは、相対化は欠かせません。特に、対照的な二つを対比しながら論じる二項対立がよく使われています。

- **旧来の伝統と新しい考え**
- **Aさんの価値観とBさんの価値観**
- **ある国の習慣と別の国の習慣**
- **メリットとデメリット**
- **A製品とB製品**
- **使用前と使用後**

こうした比較をする際には、「一方」「他方」のような接続語を用いたり、それぞれの特徴を述べる際に対義語を使ったりするなど、両者の違いがはっきりわかるように工夫したいところです。

対句《ついく》を用いるのも、有効な手段。対句というのは、並んだ二つの句が語形や意味のうえで対応するようにした表現。本節の最初にご紹介した『桃太郎』冒頭部分のようなイメージです。

おじいさんは山へ柴刈りに行き、洗濯を担当するおばあさんが出かけるのは川である。

と書くよりも、

おじいさんは山へ柴刈りに、
おばあさんは川へ洗濯に。

このように、文のかたちを揃えることで、対照がわかりやすくなります。読者の頭の中に、対照の表が思い浮かぶ状態を目標として書きましょう。

練習問題　読んでみよう

次の文章を読んで、昔の屋外遊びと現代の屋内遊びの違いを表にまとめてみましょう。

かつて子どもたちは屋外で走り回っていた。現代の子どもたちはすっかりインドア派だ。しかし、それは単に屋外と屋内というだけではないように思う。昔は木登りにせよ鬼ごっこにせよ、体を存分に使って遊び、その中で身体能力を培っていった。屋内での遊びはもっぱらテレビやスマホを用いたゲームで、あまり体は使わない。昔は、日が暮れるまでという絶対的な遊びの制限時間があり、それが終わると解散しなくてはならない。友だち同士で何をして遊ぶか考え、地域独特の遊び、仲間内だけでの遊びを発明した。屋内遊びを一人でやっている分には制限時間はない。ダラダラ遊んでいるわけだが、その時間は既製のゲームに吸収されている。

昔の屋外遊び	現代の屋内遊び

練習問題　書いてみよう

「対にして文章を書く」ということを意識しながら、二つのものや二人の人を比較した文章を書いてみましょう。

〈読んでみよう　解答〉

昔の屋外遊び	現代の屋内遊び
体を使う 時間の制限がある 友だちと遊ぶ 新しい遊びを考える	体を使わない 時間の制限がない 一人で遊ぶ 既製のゲームを行う

〈書いてみよう　解答例〉

Facebookは、原則として本名・顔写真で利用する。結婚や転職の報告など、投稿は本人の実生活と関わりが深い内容で、主に友人・知人が「いいね！」を押す。仕事や学校の友人とつながるＳＮＳで、当然アカウントは一つしかない。一方、Twitterは、本名・顔写真で利用する人は少ない。ツイートは本人と切り離され、どこまでも拡散することがある。興味関心でつながることが多く、友人向けアカウントと趣味用アカウントを使い分けている者も多い。

話す中でもトレーニング

○従来のものと今回のもの、他社の商品と自社の商品など、二つのものを比較することで、自分の伝えたいものの特徴がよくわかる説明をしよう。

意外な事実が文章を印象づける

空欄を埋めてみよう

テレビや新聞を見ると、暗いニュースばかりが目に付きます。残酷な事件に目を覆いたくなることの何と多いことか。少年の凶悪犯罪もよく報じられています。

（　　　）、2017年の刑法犯認知件数は戦後最少でした。少年犯罪についても、件数・発生率ともに減少傾向が続いています。

一貫性の法則というのを聞いたことがあるでしょうか。別名では、ＹＥＳの法則、アグリー（agree）の法則とも呼びます。

これは、営業の人たちがよく使う心理テクニックです。人は自分の言動に筋を通したがる性質があります。意識的にも無意識的にも一貫性を持とうとする傾向があるのです。

そこで、最初に、天気だとか何だとか当たり障りのない話題を振ります。「今日はまた一段と暑いですね」などと話し始めることで、早いうちに「うん」「うん」と頷かせておくのです。そうすれば、肝心の商談に入った後にも、人はつい「うん」「うん」と頷いてしまうのだそうです。

この法則を皆さんの文章にも取り入れましょう。

最初は、身近な話や一般論、これまでの常識など、誰もが共感・納得するところから入るのです。

- こんな経験、皆さんもありますよね。
- 一般にこう言われている。
- 従来、このように行われていました。

こうして皆が必ず頷くところから入り、読み手が「たしかにそうだなぁ」と頷いたところで、

- **しかし〜**
- **実は〜**
- **これからは〜**

と、本当に訴えたい意見に入っていくのです。

遠回りに感じるかもしれませんが、まずは聞く耳を持ってもらうことが重要ですからね。自分の意見が独特だと思うときほど、入りをソフトにしましょう。丁寧に共通認識を増やしていきます。共通認識を増やし、「この人のいうことは共感できる」と思ってもらうのです。独自の意見でも、十分に共感を得た後に伝えれば、「たしかに」と頷いてもらえる確率が上がります。

しかも、自分の常識をもとに「だよね、だよね」と共感した後に、真実は逆だと知らされると、強い驚きがあります。結果として、余計にあなたの意見が印象に残ることになるのです。

練習問題　書いてみよう

あなたは近年のハロウィンの盛り上がりに対し、どう思いますか？

①いいと思う ②不快に思う のどちらかで、意見を書いてみてください。ただし、結論が①なら②の立場から入り、結論が②なら①の立場から入り、途中で「しかし」と立場を切り替えてください。

〈書いてみよう　解答例〉

近年、ハロウィン文化が盛り上がりを見せている。経済的なインパクトの面では既にバレンタインデーを超え、仮装用の衣装の売上などで約１３００億円の経済効果があるという。インスタグラムなどのＳＮＳには仮装を楽しむ写真があふれ、ディズニーランドのハロウィーンイベントは大盛況だ。

しかし、古代ケルト人の収穫祭にルーツを持つという本来の趣旨はないがしろにされ、単に仮装をして大騒ぎをするイベントになっている。渋谷のスクランブル交差点をはじめ、マナーを守らずにはしゃぐ人々の姿が報道される。本来は子どもたちが各戸にお菓子をもらいに行くイベントだというのに、大の大人がああしてみっともなく騒ぐ姿を見せるのはいかがなものか。

話す中でもトレーニング

- ○話の冒頭で、頷いたり手を挙げたりしてもらえる問いかけをしよう。
- ○場を温めてから本題に入るようにしよう。

5W1Hで読み手ファーストのわかりやすさに

空欄を埋めてみよう

（　　　　）年、（　　　　　　　）が、天下統一を目指し、

（　　　　）で石田三成らを倒した。

大人になって初めて気付く、ということは、誰しもあるかと思いますが、私が気付いたことの一つに、教科書のわかりやすさがあります。

社会人になって改めて、教養として世界史や日本史を勉強し直したいと考えた私は、家にあった高校時代の教科書を読み返してみました。すると、余計な装飾なく、すっきりと情報がまとまっていて、実に読みやすかったのです。

1603年、徳川家康が、天下統一を目指し、関ケ原で石田三成らを倒した。

このように、歴史の教科書には、正確な状況把握に必要な情報がきちんと書かれています。いつ、どこで、誰が、何を、なぜ、どうしたのか。いわゆる5W1Hが完全に揃っているのです。

私たちは日頃のコミュニケーションの中で、自分の主観に基づき、情報を断片的に伝えがちです。

「ヤバい！　マジでヤバいよ！」

「何が？」

「今度の研修の内容だよ」

「どうしてヤバいわけ？」

「1週間以内に数千字の感想文を出さなくちゃいけないんだって」

という感じで、話し手が話したいことだけを話しているというケースの多いこと、多いこと！　単に「ヤバい」と言われただけでは、聞き手は何もわかりません。自分からあれこれ聞かないと、客観的な情報、全体像が入ってこないのでは不便です。

会話なら聞き返すことができるので、まだいいですが、文章になると、読み手はなかなか書き手に質問するチャンスがありません。ですから、書き手の側が気を利かせて書く必要があります。読み手への思いやりを持って、わかりやすく状況説明をしなくてはなりません。

そのときのベースになるのが、5W1Hです。

- **いつ（WHEN）**
- **どこで（WHERE）**
- **誰が（WHO）**
- **何を（WHAT）**
- **なぜ（WHY）**
- **どうした、どうする（HOW）**

この欄を一つずつ埋めるつもりで書けば、わかりやすく状況を説明することができます。

さらに、文章の種類に応じて項目を足すと便利です。

たとえば、始末書・顚末書《てんまつ》であれば、再発防止策と反省の意を書き加えます。企画書であれば、予算や実現のための準備計画、リスク想定、対応策を書き添えます。


(いつ)今年の秋、(どこで)売上が不振の店舗において、(なぜ)売上アップを目指し、

(誰が)店長が中心となって(何を)新メニューを(どうする)企画・販売してもらう。

(予算)店舗ごとのメニューデザインで、〇円の出費が見込まれる。

(準備計画)5月の店長会議で告知をかけ、6月下旬に提案を締め切るが、

(リスク想定)忙しさを理由に提出をしない店長がいると予想される。

(対応策)その場合には、エリアマネジャーから指導を入れる。


このように過不足なく情報が揃っていれば、別に長文の分厚い企画書を作らなくても、上は採否を判断することができるのです。

練習問題　書いてみよう

ここ1年の間に、自分の周囲に起きた重大ニュースを5W1H形式の一文で言語化してみましょう（5W1Hの順序は入れ替えてもかまいません）。

練習問題　読んでみよう

次の文章のエッセンスを5W1H形式にまとめてみましょう。

Aホールディングスの社長が交代した。この9月から新しく社長に就任したのは、田中太郎氏である。長く一族経営の続いてきた同社で初めての、生え抜き従業員出身の社長である。田中氏は、百貨店事業、不動産事業、保険事業と渡り歩き、一昨年からはグループ全体の人事を統轄する執行役員を務めていた。A社では創業以来の看板事業である百貨店業の不振が大きな課題となっており、成り行きが注目されていたが、新社長は就任挨拶において早速、百貨店事業からの撤退を宣言した。

いつ
どこで
誰が
何を
なぜ
どうした

〈書いてみよう　解答例〉

春の(いつ)社員総会で(どこで)事業本部長が(誰が)、売上が好調だからと(なぜ)、私の担当するプロジェクトの強化を(何を)発表した(どうした)。

〈読んでみよう　解答〉

いつ　9月
どこで　Aホールディングスで
誰が　新社長の田中太郎氏が

何を　百貨店事業を
なぜ　不振が続いているため
どうした　撤退すると宣言した

話す中でもトレーニング

○興奮のままに感想だけを話さず、状況を冷静に伝えることを意識しよう。
○報連相（報告・連絡・相談）の際には、5W1Hでメモを作ってから相手に話しかけよう。

第3章

魅力が10倍増す
文章の作り方

1枚の写真の文章化で原稿レベルはわかる

選んでみよう

イラストに説明文を添えるならどれ？

①青い海、白い波！　20●●年　常夏の外浦海岸の思い出♥

②視線を浴びてテンションMAX！　おそろいの白水着コーデ

③晴れた日、白い砂浜の海岸で、健康的に日焼けをした水着の若い男女（顔は見えないように）が手をつないでいる

Photo / iStock

あなたは書くのが速いほうですか？　遅いほうですか？

文章を書くのが遅いという人に共通する特徴は、「どう書くか」の試行錯誤に時間を使い過ぎてしまうことです。文章の上手さ、言葉のセンスなどにこだわり始めると、文章を書き上げるまで、いたずらに時間がかかってしまいます。

文章を書くスピードを上げたい人は、「HOWでなくWHAT」、この鉄則を頭に入れておきましょう。つまり、「どう書くか（HOW）」より「何を書くか（WHAT）」、内容を強く意識したほうがいいのです。

・今、何を言わなくてはいけないか。
・ここでは最低限、何をわかってもらわなくてはならないか。

このように考えてほしいのです。

WHATに注目し、それを読み手に伝えることに注力することで、書く時間は短縮されます。

たとえば、先程、写真の説明文を選んでいただきました。

これは一体、どれが正解なのか。うんうん唸って、お考えになったことでしょう。

実はこれ――全部、正解です。すべて正解になり得るのです。

実際には、この写真をただ漠然と説明するようなシチュエーションはありません。必ず何かしらの文脈、状況があります。

これが、カップルが思い出のアルバムを作るという状況だったら、どうでしょうか？一番重要なのは、海岸を二人で仲よく歩き、美しい景色を共に見た、その特別な時間の幸福感です。後で見たときに、ありありと思い出せるよう、地名を入れたり、時期を入れたりすることが欠かせません。ですから、①がふさわしいわけです。

一方、これが、水着を紹介する雑誌記事に使われる写真だとしたら？　具体的な地名など、風景説明の重要度は一気に下がります。大事なのは水着です。②のように、にぎわうビーチでも目を引く、インパクトのあるファッションとしての「おそろいの白水着コーデ」に言及すればいいわけです。

はたまた、あなたが水着企業の広告担当者で、こうした写真を撮ってほしいとカメラマンに依頼するとしたら？　その場合には、できるだけイメージ通りの写真を撮ってもらえるよう、細かく状況を指示する必要があります。ですから、③のような文章が必要です。

このように、状況を踏まえ、文章の目的を明確化し、読み手を意識しながら、何を伝えるべきかを考える。これが重要です。ねらいとターゲットから書くべきネタを導けるようになれば（ダジャレですみません）、文章はおのずと付いてくるものです。

まずは「ねらい×ターゲット➡ネタ」のトレーニングをしましょう。

このトレーニングに便利なのは、広告を観察することです。電車に乗る人なら、車内の広告。雑誌や新聞を読む人なら、誌面（紙面）の広告。テレビを見る人なら、CM。それぞれの広告コピーを「ねらい×ターゲット➡ネタ」の観点でよく観察してみましょう。

広告の多くは商品を買ってもらうことがねらいですが、ターゲットを意識したうえで、商品の数ある特徴の中で、効果的なWHATを巧みに切り取るのが広告のキャッチコピーです。

さらに言えば、商品を特定のターゲット層に買ってもらうための広告と、幅広い層に知ってもらうための広告とでは、何を切り取るかも変わってきますので、そのあたりも観察してみるといいでしょう。

こうした観察を積むことで、自分の文章においても、ネタを選ぶという感覚が培われます。

あれもこれも盛り込みたくなるのが人情ですが、情報を盛り込み過ぎると、ポイントがわかりにくくなります。平板な文章になってしまうのです。それでは読んでもらえません。

伝えるべきWHATにしぼり込んでこそ、読んでもらえ、きちんと伝わるのです。

練習問題　書いてみよう

それぞれの状況を踏まえ、「何」を切り取るかを意識して、この写真の一言説明を書いてみましょう。

①家族の思い出をまとめたアルバムに載せるとして
②食育のポスターとして
③家庭用のデジカメラの宣伝コピーとして

Photo / iStock

練習問題　読んでみよう

次の広告のキャッチコピーは、誰に向けて、その商品・サービスのどのような特徴を切り取っていますか？

①なんで、私が東大に!?【大学受験予備校・四谷学院】

②のぞみへ。先に行ってるね♡【日本航空株式会社（ＪＡＬ）】

〈書いてみよう　解答例〉

【　】内が注目ポイント

①ママのごはんで、すくすく大きくなりました。【ごはんを作った人】

②朝ごはん、おいしく食べて元気いっぱいの一日を！【朝食の効用】

③「おいしいっ！」　そのいい表情も見逃さない。【簡単にきれいに撮れる点】

〈読んでみよう　解答〉

①誰に向けて　　成績はいまいちだが、高い目標を持つ受験生に向けて

何を切り取るか　成績を急上昇させる指導法がある点

②誰に向けて　出張が多く、移動時間を効率化したいビジネスマンに向けて
何を切り取るか　新幹線よりも飛行機のほうが速く移動できる点

話す中でもトレーニング

- 相手の好みや性格を意識し、その人に刺さるポイントを意識して話そう。
- 人前で話す際、緊張しそうになったら、「何」（最低限絶対に伝えなくてはいけない内容）にフォーカスしよう。

「頑張った」。この表現を言い換える

空欄を埋めてみよう

頑張った　⬇　全力を□□□□　⬇　力を□□だ

　　　　　⬇　最後まで□□□　⬇　□□に取り組んだ

一つの文章の中に、何度も同じ表現が出てくると、ワンパターンで下手な文章に見えます。単調で退屈な文章になったり、くどくてしつこい印象を与えたりしてしまうのです。

たとえば、文末。「〜ます」「〜ます」というように、同じ文末ばかりが続いてしまうと、文章のリズムがよくありません。

書店には定期的に足を運びます。ベストセラーを確認します。買わなくても表紙や帯を眺めます。本のタイトルやデザインに加え、帯に推薦文を書いているのは誰か、帯ではどういった点をアピールしているかなども観察します。その時々のトレンドがよく表れています。

よりも

書店には定期的に足を運びます。ベストセラーを確認したいからです。買わなくても表紙や帯を眺めます。見ているのは、本のタイトルやデザインだけではありません。帯に推薦文を書いているのは誰か、帯ではどういった点をアピールしているかなども観察するのです。その時々のトレンドがよく表れています。

とするほうが読みやすいのです。試しに音読してみると、よくわかります。

文末表現以外でも、同じ表現が続くのは考えものです。「頑張った」というエピソードを書くにしても、「頑張った」「頑張った」と連発すると、鬱陶《うっとう》しく感じられます。

冒頭の穴埋め問題ですが、「全力を尽くした」のように、最大限のエネルギーを費やしたことを強調する言い方もあれば、「力を注いだ」のように、一つのことに集中したことを訴える言い方もあります。諦めずに「最後まで粘った」こと、あるいは、コツコツと「地道に取り組んだ」ことをアピールするような表現もできるのです。

同じ言葉が続きそうになったら、2回目以降、置き換えられる言葉がないか、検討しましょう。

読み返してみて、段落やページの中で同じ言葉を連発していた場合は、それぞれの文脈で最も適した言葉がないか考えてみてください。「頑張った」と「努力した」のように、訓読みの表現から音読みの漢語に変える手も使えます。

自分では思い付かない場合には、「Weblio類語辞典」などの類語辞典を活用するといいでしょう。ウェブ上の類語辞典のほうが検索しやすく便利です。

ワンパターンという課題に関しては、もう一つ、人は油断すると陳腐な常套句《じょうとうく》を使ってしまうという問題があります。

以前、インターネット上で「J-POPは翼広げすぎ」という話題が盛り上がったことがあります。

- 桜舞いすぎ
- 瞳閉じすぎ
- 君の名を呼びすぎ
- もう一人じゃなさすぎ

などと、J－POPの歌詞に頻繁に登場するフレーズがからかいの対象になったのです。

テレビや雑誌にも、ありきたりの常套句があふれています。「SNSで話題」「必見」「衝撃の展開」「奇跡の△歳」「まさかの……」などの煽《あお》り文句。もはや同じようなフレーズを何度も目にして慣れてしまっているので、「SNSで話題なの？　チェックしなきゃ」「必見なの？　見なきゃ」などとはならないですよね。

大げさな言葉で煽る常套句は陳腐に見えやすいので、使わない、と心得ましょう。

練習問題　書いてみよう

「笑う」ことを表す言葉をできるだけたくさん書いてみましょう。

練習問題　読んでみよう

次の文章には、同じ表現が繰り返されて単調になっていたり、陳腐な常套句が使われたりしています。どこをどう直したらよいか、考えながら読んでみましょう。

5月10日、高2の進路集会がありました。今回はOB・OGガイダンスがありました。大学生の先輩たちは皆、とても熱心に話してくれました。具体的に、各科目の勉強法や進路決定のプロセスを話してくれたので、とても参考になったことでしょう。後半に質疑応答の時間もありました。生徒たちは「2年生のとき、どのようにモチベーションを保っていたのか」などの質問をぶつけていました。今回、先輩たちが話してくれたことで、大学受験に向けての意識がとても高まったように見えます。有意義な時間になりました。OB・OGの皆さん、貴重なお話をありがとうございました。

〈書いてみよう　解答例〉

微笑む、にこりとする、にこにこする、笑みを浮かべる、表情が綻《ほころ》ぶ、表情を緩める、頬が緩む、目尻を下げる、目を細くする、笑みがこぼれる、喜びを隠せない、嬉々とする、喜色満面、白い歯を見せる、相好《そうごう》を崩す、満面の笑み、破顔する、ニヤリとする、ほくそ笑む、不敵な笑み、失笑する、爆笑する、大笑いする、腹の皮がよじれる、腹を抱える、抱腹絶倒、どっと沸く、笑い転げる、噴飯《ふんぱん》もの、顎が外れる、鼻で笑う、冷笑する、あざ笑う、薄ら笑う、嘲笑する、高笑い、へらへらする、作り笑い、愛想笑い、含み笑い、苦笑い　など……

〈読んでみよう　解答〉

5月10日、高2の進路集会がありました。今回はOB・OGガイダンスがありました。大学生の先輩たちは皆、**とても**熱心に**話してくれ**ました。具体的に、各科目の勉強法や進路決定のプロセスを**話してくれ**たので、**とても**参考になったことでしょう。後半に質疑応答の時間もありました。生徒たちは「2年生のとき、どのようにモチベーションを保っていたのか」などの質問をぶつけていました。今回、先輩たちが**話してくれ**たことで、大学受験に向けての意識が**とても**高まったように見えます。有意義な時間になりました。OB・OGの皆さん、貴重なお話をありがとうございました。

陳腐な常套句

陳腐な常套句

⬅ 重複を修正、常套句をカット・言い換え

5月10日、高2の進路集会がありました。今回の目玉はOB・OGガイダンスです。大学生の先輩たちは皆、**大変**熱心に**話してくれ**ました。具体的に、各科目の勉強法や進路決定のプロセスを**教えてくれ**たので、**とても**参考になったことでしょう。後半に質疑応答の時間も設けたところ、生徒たちは「2年生のとき、どのようにモチベーションを保っていたのか」などの質問をぶつけていました。今回、先輩たちの**アドバイス**で、大学受験に向けての意識が**いっそう**高まったように見えます。OB・OGの皆さん、自らの体験に基づく、実感のこもったお話をありがとうございました。

話す中でもトレーニング

○ありきたりの常套句を封印しよう。

○話がしつこくならないよう、２回目以降は言い回しを変えてみよう。

「耳が痛い」。人間をいきいき描く慣用句を使おう

空欄を埋めてみよう

才能の（　　　）を示す。
身を（　　　）にして働く。
呼び声が（　　　）。
お金を（　　　）のように使う。

文章が単調になりがちな人は、少しひねった表現を取り入れてみましょう。内容は同じでも、読み手の印象を変えることができます。

ひねった表現の代表例が慣用句です。的確な慣用句が使えると、読み手は「うまい

こと言うなぁ」と感じるものです。

そもそも慣用句とは、複数の語が結び付いて、特別な意味を持つようになった表現のこと。別に、「目が高い」と言っても、目というパーツが顔の上方に付いているという意味ではありません。物のよし悪しの鑑定眼を持っていることを褒める言葉です。

このように、古くから使われ続けて、定着した慣用句がたくさんあります。

- 才能の（ 片鱗《へんりん》 ）を示す　学識・才能の一部分をちらりと見せる
- 呼び声が（ 高い ）　～との評判がある
- 身を（ 粉《こ》 ）にして働く　労苦をいとわず、一心に努める
- お金を（ 湯水 ）のように使う　あればある分だけ無駄遣いする

こうした慣用句は、ポジティブな文脈かネガティブな文脈かなど、ニュアンスを豊かに伝えることができます。淡々と事実を述べるのでなく、よし悪しの評価を込めた、書き手の考えがうかがえる文章に仕上げることができるのです。

慣用句を使えば、まるで映像が浮かぶようで、文章がいきいきしてきます。

たとえば、単に「疲れた」というよりも、「足が棒になる」「膝が笑う」「気骨《きぼね》が折れる」「精も根も尽き果てる」などというほうが、魅力的に感じるはずです。

また、音読みの熟語表現ばかりを使うよりも、柔らかくこなれた印象を与えることもできます。

そうした慣用句を文章に使おうと思ったら、やはり読書や日常会話を通じ、自分の語彙の中に慣用句のボキャブラリーを蓄積すること、それが必要な場面でさらっと出てくるようにすることが必要です。ただし、手っ取り早く学びたい場合、慣用句・ことわざが一挙に掲載されている辞典や書籍などを利用する手があります。

便利なのが、朝日新聞社の「コトバンク」というサイト（https://kotobank.jp/）。「おもな慣用句」と検索しクリックすると、一覧が出てきます。

慣用句の他に、四字熟語も印象的な表現です。知性や力強さを感じさせるので、スピーチなどによく使われています。ここぞというところで投入し、文章を引き締めるといいでしょう。

・集中してプロジェクトに取り組みます➡一意専心プロジェクトに取り組みます
・きちんとします➡誠心誠意対応させていただきます
・それはよくありません➡それは言語道断です

こちらもコトバンク「おもな四字熟語」に一覧が出ていますので、ざっと眺めてお気に入りの四字熟語をピックアップしておくといいでしょう。

練習問題　書いてみよう

次の慣用句を使って文を書いてみよう。

①痛くも痒《かゆ》くもない
②棚上げにする
③地に落ちる
④難色を示す

練習問題　読んでみよう

次の文の傍線部の意味を答えよう。

彼はなかなか①骨のある人物だが、協調性に欠けるのが②玉に瑕《きず》である。③口を酸っぱくして注意したにもかかわらず、約束を④反故《ほご》にすることを繰り返したので、彼は周囲から「無責任」との⑤烙印《らくいん》を押された。今はそれでいいのかもしれないが、いずれ⑥痛い目を見るに違いない。

〈書いてみよう　解答例〉

①痛くも痒くもない（何の影響も受けない、平気だ）：年収1億円の彼にとって5万円の損なんて痛くも痒くもないのだ。

②棚上げにする（問題の処理を一時保留にし、着手しない）：棚上げにしていても、解決するわけではないのだから、きちんと向き合わなくては。

③地に落ちる（名声が衰える）：不祥事が続き、警察の権威も地に落ちた。

④難色を示す（態度や婉曲的な言い回しで不賛成であることを伝える様子）：先方はこちらの出した条件に難色を示していた。

〈読んでみよう　解答〉

①骨のある：しっかりしている。自分の意志を貫く強い気持ちがある。

②玉に瑕：ほぼ完璧なのに、少しだけ欠点がある。宝玉に瑕（きず、傷と同じ）があることから。

③口を酸っぱくする：同じことを何度も言う。言うほうが嫌になるほどたびたび言う。

④反故にする：約束をないものとして破る。

⑤烙印を押される：ぬぐい去れない汚名を受ける。悪いレッテルを貼られる。

⑥痛い目を見る：つらい思いをする。苦しい体験をさせられる。

話す中でもトレーニング

○ねらい過ぎず、ちょうどいい塩梅で「うまいことを言う」を意識して会話に臨もう。

起承転結を使ってドキドキさせよう

空欄を埋めてみよう

起　のび太が（　　　　　　　　）に泣かされたり、完璧な（　　　　　　　　）をうらやましく思ったりして、ドラえもんにひみつ道具をねだる。

承　ひみつ道具を使って、のび太がいい思いをする。

転　のび太が調子に乗り過ぎた結果、ひみつ道具が暴走し大変なことになる。

結　ドラえもんが奔走したり、ドラえもんの妹（　　　　　　　　）が未来からやってきたりしてトラブルを解決する。

本書はここまで、意見を真っ先に言う文章の型を紹介してきました。ビジネスの実用的な文章では、ずばり結論を言うことが大切です。さっさと要点を伝えなくてはならないのです。

しかし、本節では、それとは違う型をご紹介します。簡潔かつ明快に結論を伝えるのではなく、あえてじらし、読み手の心を深く動かす表現の型です。

それが、起承転結です。

元は漢詩の構成を表した言葉で、現代の日本では、小説や四コママンガの型として知られているものですが、

起　導入。状況設定を説明
承　起に続いて物語が順当に進む
転　事態が急展開
結　まとめや後日談

という四段構成をいいます。右の穴埋め問題でも、ドラえもんの話に起承転結のパ

ターンがあることを確認していただきました。空欄の答えは、ジャイアン、出来杉くん、ドラミちゃんですね。他にも、推理モノでは次のような展開が多く見られます。

起　事件が発生する
承　主人公が推理を進める
転　これまでの推理が的外れだったことが発覚し、慌てて真犯人を追及する
結　犯人が逮捕される。被害者周辺に何らかの救い

この起承転結の型はドラマティックです。予想の範囲内の「承」をまったりと楽しんでいたら、急に「転ぶ」という名の「転」で、それまでの流れが見事にひっくり返されるのですから。この急展開に私たちは驚きや興奮を覚えます。そして、「結」での一件落着に安心し、すっきりするのです。

単刀直入に結論を言う実用文とは逆ですね。結末が見えないことこそが、エンターテインメントの鍵になっているのです。

この起承転結が役に立つのが、何かをＰＲする場面です。商品やサービスを売るためのダイレクトメール、企画を提案するプレゼンテーションの原稿などに起承転結を役立てることができます。

私たちが物を買うとき、論理的に考え、冷静に検討することは意外なほど少ないものです。「衝動買い」という言葉があるように、買い物には感情や勢いが大きく関わります。「どうしても欲しい！」と思うあまり、開店何時間も前から並んで買うという人もいますよね。そういう気持ちのドラマを引き出すために、この起承転結の型が役に立つわけです。たとえば、こうです。

起：「ドキッ」「ギクッ」とするような問いかけ
承：読み手が抱える課題をなぞる
転：解決策として自社商品の提案
結：クロージング（締めくくり）

この流れで文章を作ってみましょう。

起：いつまでダイエットを繰り返すんですか？
承：走ってみたり、筋トレをしてみたり、夕食を抜いてみたり——いつだって何かしらのダイエットをしている。５００グラム増えた減ったで一喜一憂。それも、1回の飲み会でパー。
転：そんなダイエットライフはもう卒業しましょう。当社の「最後のダイエットコース」は50日間のプログラムで完結。食習慣と体質を徹底的に改善し、リバウンドしない状況を作ります。
結：月末までの申し込みなら、モニター価格で9万8千円。まずはネットで面談予約を。

この起承転結は、テレビ通販でも活かされています。

起：視聴者の共感を引き出す会話（「これから夏本番。夏は寝苦しいですね」など）
承：現状の不快や不便、他の商品の弱さなどを確認
転：自社商品の斬新さ、使いやすさ、安さなどをアピール

結：今だけ付いてくるオマケ、送料無料・金利無料などの特典の案内

この型により、特に買うつもりのなかった商品でもつい注文してしまうわけです。この起・承・転・結で書くＰＲ、それぞれのパートではどのようなことに気を付けたらいいのでしょうか。

まず起では、共感・衝撃・挑発により、読み手を一気に引き込むことが大切です。

承では、ターゲット層の気持ちを想像し、それに寄り添って書きます。不満の「あるある」を言語化して頷きを引き出したり、普段目を背けている痛いところを突いたりするのです。転の衝撃を大きくするため、転と反対の内容を意識的に盛り込むといいでしょう。

転では、承の課題が解決することを力強く宣言する。なぜ解決できるのか、根拠や裏付け（賞・ランキング・顧客の声）も述べます。

結は、転で盛り上がった気持ちを実際に問い合わせや申し込みにつなげるパートです。動線をはっきり示し、「相談だけでもＯＫ」など心理的ハードルを下げつつ、「今

だけ送料無料」などの特典で「今、申し込まなきゃ」と焦らせると効果的です。

こうしたコツを押さえ、敏腕セールスマンのように、客をつい行動させてしまうレベルに文章を高めていきましょう。

練習問題　読んでみよう

次のお客様の声は起承転結の流れで書かれています。どこが起・承・転・結に当たるか、区切り目を入れてみましょう。

まさか早稲田大に受かると思わなかったので、未だに信じられません。入塾する前、私の英語はまずい状態でした。定期試験は本文の訳を暗記して臨んで乗り切るのですが、模擬試験では爆死。高２秋の駿台模試で、偏差値43を取ったとき、さすがにひどいと思って、英語で評判のＧに入りました。Ｇの先生方に出会って、私の英語観が変わりました。英語は前から読む。単語帳は使わない。英単語は語源から理解する。何十回も音読する。英文の内容が面白く、興味深いものばかりだったので、苦痛だった英語の勉強がどんどん楽しくなりました。迷っている人は、できるだけ早いうちに入ることをおすすめします。

練習問題　書いてみよう

起承転結を使って、あなたが売りたい商品・サービスの案内文を作成してみましょう。

〈読んでみよう　解答〉

起　まさか早稲田大に受かると思わなかったので、未だに信じられません。

承　入塾する前、私の英語はまずい状態でした。定期試験は本文の訳を暗記して臨んで乗り切るのですが、模擬試験では爆死。高２秋の駿台模試で、偏差値43を取ったとき、さすがにひどいと思って、英語で評判のGに入りました。

転　Gの先生方に出会って、私の英語観が変わりました。英語は前から読む。単語帳は使わない。英単語は語源から理解する。何十回も音読する。英文の内容が面白く、興味深いものばかりだったので、苦痛だった英語の勉強がどんどん楽しくなりました。

結　迷っている人は、できるだけ早いうちに入ることをおすすめします。

〈書いてみよう　解答例〉

起：忘年会・新年会のお店をお探しではありませんか？

承：盛り上がるために欠かせない飲み放題ですが、安い飲み放題コースがあるお店だと、料理がイマイチということ、ありますよね。コースの料理にチップスが入っていたり、揚げ物や炭水化物ばかりだったり……。

転：創作料理 吉はお客様をがっかりさせません！　高級料亭で20年以上修業を積んだ板前が腕を振るっています。新鮮な野菜と魚介たっぷりの料理7品、飲み放題2・5時間が付いて3000円ぴったりです。

結：この冬、10名以上の団体予約で幹事さんの代金が無料になります！　2日前まで人数変更ＯＫです。

話す中でもトレーニング

○商談やプレゼンテーションでも起承転結を活用し、関心を引くツカミ（起）、クロージング（結）のフレーズを練り上げてみよう。

第4章

人にわかりやすく説明するときの文章の作り方

同じことなら、できるだけカンタンに言い換える

次の表現の意味は何でしょう?

無聊《ぶりょう》をかこつ　①見栄を張る　②退屈を嘆く　③何もしないのを責める

放縦《ほうじゅう》　①勝手気まま　②とらわれなく自由　③相手にせず無視

現代文の大学入試問題を見ていると、

「傍線部はどういうことか、わかりやすく説明しなさい」

という問題がよくあります。

入試に使われるのは硬質な文章ばかり。日本語で書いてあるはずなのに、一読ではわからないことも多いのです。それを解読し、自分の言葉で説明したり、同じ内容の

選択肢を選んだりするのが、差の付く入試問題として成立しているわけです。

右に挙げた二つの表現も、実際に大学入試に登場したものです。「無聊をかこつ」の正解は②で（センター試験２００９年本試）、「放縦」の正解は①です（早稲田大学文化構想学部２０１４年）。どうでしょうか。２問とも正解できたでしょうか。私が教えているのは難関大学を目指す高校生ですが、なかなか2問ともできる生徒はいません。

ちなみに、東大入試の国語（文系）の場合、大問４つで試験時間は１５０分間。現代文の大問一つに約60分間を費やして、じっくりと向き合います。

入試はどうしても点数を取らなくてはならないものですし、大学に入って、専門的な研究にアクセスするためには、難解な文章も読みこなす必要があります。どうしても必要な読解力なので、受験生たちは必死に格闘するわけです。

日常で文章を読むときは――なかなかそうはいきませんね。

自分が読み手に回っているときのことを想像してください。文章を「精読」する機会はあるでしょうか。ほとんどないのではないでしょうか。スマホでどんどん画面をスクロールする。ブラウザで記事を開いて、ピンと来なかったらすぐ閉じる。仕事上の文章も、ざっと目を通す程度で、2度以上読むことはないように思います。

そんな読解環境の中、文章を書くうえで一番意識したいのは「リーダビリティー(Readability)」です。読みやすさ。読むうえでのストレスのなさです。

ブラウザの「戻る」や「×ボタン」(閉じるボタン)を押されたら終わりですからね。引っかかる点のないよう、スムーズに読めるよう書くことが重要です。

読みやすい文章のイメージは、ラジオのＤＪです。ＤＪの話しぶりは、耳に心地よいですよね。抵抗なく、すっと入ってくる感じ。あの口調の文章版を目指したいところです。

以前、私があるラジオ番組にお邪魔した際、ラジオのプロフェッショナルの実力を実感したことがありました。

緊急のニュース原稿が手渡されたのですが、それは、

「小田急線が沿線火災で運転見合わせ」

という原稿でした。その方は、

「小田急線の線路近くで火災があり、その影響で運転を見合わせています」

と読みました。

ラジオの聞き手に配慮したのです。「沿線火災」は耳で聞くと、すぐには理解しづらいでしょう。それで、「線路近くで火災があり」と表現を改めたわけです。

このように、熟語表現を和語の表現に改めることを「開く」といいます。

「開く」を意識し、文章を書くようにすると、やさしく読みやすい文章が書けます。あらたまった挨拶の際にはあえて難しい表現を選ぶこともありますが、日頃やり取りするメールや幅広い人に読まれる文章は、平易になるよう開いたほうが親切です。

これは自身でゼロから文章を書くときも、引き継がれたものを書き改める場合も同じです。難解な熟語があれば、やさしい表現に開いていきましょう。

金額の多寡《たか》にかかわらず ➡ 金額が多くても少なくても
事実を歪曲《わいきょく》するな ➡ 事実を曲げてはいけない
理解に齟齬《そご》がないよう ➡ 理解にずれがないよう

また、開くべきなのは、難解な熟語だけではありません。専門用語の連発も読み手を遠ざけてしまいます。

専門用語をちりばめた文章は、どうしても自分の知識をひけらかしているかのように見えます。自慢気で鼻につくので、業界用語や社内用語など、内輪でしか通じない用語を使うのも、それ以外の人を引かせてしまいます。

そのことを逆手に取った面白いコンテンツがあります。西島知宏さんの【広告用語で「鶴の恩返し」を読んでみた】です。

> むかしむかし、あるところにM3、F3のおじいさんとおばあさんがWin－Winの関係を築いていました。
>
> http://www.machikado-creative.jp/planning/2172/（2015.01.27公開）

M3は50歳以上男性、F3は50歳以上女性を指す、広告業界の専門用語です。Win－Winの関係は、両者にメリットがあることをいうビジネス用語です。こうした用語が、それと最も遠いと言っていい昔話と組み合わされたことで、皮肉なおかしさを生みました。

これはあえて面白みをねらった文章ですが、無意識の内にこうした文体になって、読者を遠ざけてしまっている文章はよく見かけます。

業界人にとっては、当たり前になっている用語も、外の人にとっては馴染みがないことが多いものです。そうした単語が複数目に入っただけで、パンフレットを閉じてしまう人がいることを意識して、使う用語を調整しましょう。

知性とは、難しい文章を書くことではないのです。読み手に知識自慢をしても仕方ありません。相手に合わせ、相手にとって親切な文章を書けることが真の知性です。

「むずかしいことをやさしく」――劇作家の井上ひさしさんの言葉です。いつも胸に留めておきたいものです。

練習問題　書いてみよう

次の文の①〜④を中高生が読んでもわかるような表現に改めましょう。

①刷新された顔触れのもと、これからは、②一丁目一番地として、長年③塩漬けになっていた人事制度改革に④傾注する。

練習問題　読んでみよう

次の文章は、サービスを利用する消費者向けに書かれたパンフレットです。改めたほうが読みやすいと思われる箇所を指摘してみましょう。

トレーニングジムのパンフレット

断続的な運動だけでは、健康改善に資するとは言えません。当ジムでは一人ひとりに担当者が付き、然るべきメニューをレコメンドします。音楽を活用したワークアウトも充実しており、飽きずに通うことができます。運動の後にはオールハンドのリンパマッサージも受けられます（有料）。痩身もバルクアップもロコモ対策もすべて●●ジムで！

〈書いてみよう　解答例〉

刷新された顔触れのもと、これからは、一丁目一番地として、長年塩漬けになっていた人事制度改革に傾注する。

⬅

新しいメンバーのもと、これからは最優先事項として、長年手付かずになっていた人事制度改革に力を入れる。

- 一丁目一番地は、政界や政治報道でよく使われる表現で、最優先の課題を意味します。「最優先事項」「一番の優先課題」などとストレートに言ったほうが明快です。
- 「手付かずになっていた」は「放置されていた」「後回しになっていた」「未着手の」などでもいいでしょう。同様に、「力を入れる」は、「力を注ぐ」「力を尽くす」「集中する」「本気で取り組む」などの言い方もできます。

〈読んでみよう　解答〉

断続的《難しい》な運動だけでは、健康改善に資する《難しい》とは言えません。当ジムでは一人ひとりに担当者が付き、然るべき《難しい》メニューをレコメンド《日本語でいい》します。音楽を活用したワークアウト《専門的》も充実しており、飽きずに通うことができます。運動の後にはオールハンドのリンパマッサージ《日本語でいい》も受けられます（有料）。痩身《難しい》もバルクアップ《専門的》もロコモ対策《専門的》もすべて●●ジムで！

話す中でもトレーニング

◎資料をもとにして会議で話す場合、耳で聞くと理解しにくい表現に気付いたら、言い換えることを心がけよう。

◎部署内に対する説明、社内の他部門に対する説明、取引先・顧客に対する説明で意識的に言い方を変えてみよう。

◎自分の友人や家族に、自分の専門分野や趣味について、わかってもらえるように説明を試みよう。

相手の意見をいったん「たしかに」と受け入れる

空欄を埋めてみよう

私は、夜型より朝型で生活したほうがいいと思う。
なぜなら、午前中のほうが、頭が活発に働くからだ。
たしかに、(　　　　　　　　　　　　　　　　　　)。
しかし、(　　　　　　　　　　　　　　　　　　)。

相手に共感してほしい、どうしてもこちらの意見を通したい、自分のアイデアに自信がある――そういうとき、人はつい自分の意見を連呼してしまいがちです。

「登山は最高だ！　登山は実にいろんなことを教えてくれる。君も絶対登山したほうがいい。登山の楽しみを知らないのは、人生を半分損している。登山は本当にいいんだよ」

というように、言い方を変えつつも、同じ意見を繰り返してしまう人も多いのです。熱い思いがあると、つい口数が多くなってしまうのでしょうが、いざ自分が言われる側に回ったらどうでしょうか。ちょっと引いてしまうのではありませんか。同じ意見であれば、「そうだよね！　本当にそう！」と一緒に盛り上がれるのかもしれませんが、特にそうでもない場合、途中で聞くのが面倒臭くなってきます。

強引なセールスがまさにこういう感じですが、あちらの言い分を一方的に押し付けられると、選択権・決定権が奪われているような感じを受け、どうも居心地が悪いものです。「押し切られてなるものか」と、反発してしまうかもしれません。

人は、押されれば押されるだけ嫌になってしまうものなのです。

ですから「押してダメなら引いてみろ」と言う通り、少し引いてみてこそ、かえって届くのです。

一回引き、バランスの取れた文章を書く。そのために、使いこなしたい言葉が「たしかに」です。

「たしかに」は譲歩の語で、自分とは対立する意見を受け止めるときに使われる言葉です。日常会話でも、

「たしかに君の言うこともわかる」

「たしかにそういう面もあるね」

というように使われます。

この「たしかに」が入ると、異なる意見の人を受け入れる余地がある、大人の余裕を感じさせるのです。暴走せず、冷静に意見を述べている人という印象が生まれます。

この「たしかに」は「でも」「しかし」という逆接とセットです。

「たしかに君の言うこともわかる。でも、田中さんの立場もあるからね」

「たしかにそういう面もあるね。しかし、そのデメリットよりメリットのほうが大きいよ」

というように、あとで改めて自分の意見を主張するものなのです。最終的にはこちらの考えを伝えるのですが、ひたすら言い続けるよりも、いったん向こうの見解を受け止めてから言うほうが、意見の違う人に届きやすくなるのです。「たしかに」と理解や共感を示すことで、聞く耳を持ってもらいやすくなるわけです。

前に意見・理由・具体例の3点セットをご紹介しましたが、「たしかに」の譲歩を取り入れると、次のような文章構成になります。4STEPとして覚えておくといいでしょう。

①意見　「私は〜と思う」
②理由（＋具体例）「なぜなら〜」（＋「たとえば〜」）
③想定される反論　「たしかに〜」
④反論への反論（＋再主張）「しかし〜」（＋「だから〜」）

右の「　」の表現を使うと、この型の文章が書きやすいでしょう。

①私は、夜型より朝型で生活したほうがいいと思う。
②なぜなら、午前中のほうが、頭が活発に働くからだ。
③たしかに、冬など、早起きするのは楽ではない。
④しかし、辛いのは数日のことで、習慣化すれば体のリズムができる。（だから、

長期的に見て、時間が有効活用できる朝型の生活スタイルを構築すべきだ。）

まとめである④の部分は、単に再反論をして終わるのではなく、改めて意見を明言するといいでしょう。③に対し、客観的に反論し、相手の意見を打ち消したうえで、①で述べたよりも力強く意見を述べて文章を締めるのです。

この順で書くことに慣れてきたら、「なぜなら」などの論理の目印の語を省くのがおすすめです。接続語が整理されると、すっきり洗練された文章になります。

夜型より朝型で生活したほうがいい。午前中のほうが、頭が活発に働くからだ。たしかに、冬など、早起きするのは楽ではないが、辛いのは数日のことで、習慣化すれば体のリズムができるので、長期的に見て、時間が有効活用できる朝型の生活スタイルを構築すべきだ。

①意見　②理由、具体例　③想定される反論　④反論への反論、再主張　の４ＳＴＥＰ、ぜひ使いこなしてみてください。

練習問題　書いてみよう

この4STEPを利用し、「小学生のスマートフォン使用の是非」についての意見文を2種類書いてみましょう。

A　反対

①私は、小学生にスマートフォンを使わせるべきではないと思う。

②なぜなら、

③たしかに、

④しかし、

（だから、）

B　賛成

①私は、小学生にもスマートフォンを使わせたほうがいいと思う。

②なぜなら、

③たしかに、

④しかし、

（だから、）

練習問題　読んでみよう

次の文章のポイントを4STEPのかたちに整理してみよう。

これからは共に学ぶ組織づくりが欠かせない。社会や組織の流動性が増す中で、固定的な上下関係は崩れていく。新卒で入ってくる新人が、既に業界の専門知識を持っていることもあれば、中途で入ってくる人間が、別分野で成功したマネジメントの手法を社内に持ち込むこともある。年齢や地位、勤務歴に関係なく、教え教えられる関係性や風土を築かなくては、組織として成長しない。時代に置いて行かれてしまう。人材育成というと、教える人がいて教えられる人がいる、という上下関係がイメージされがちである。学校の授業の延長線上のような研修風景である。そういう研修も時には必要であるが、全体としては日々の実務の中で活発に意見を出し合い、フランクに指摘し合う仕事の進め方を確立することで、時代の流れに沿って発展し続けられる会社ができるのである。

①意見…（　　　　　　　　　　　　　　　　　　）。

②理由…なぜなら（　　　　　　　　　　　　）からだ。

③想定される反論…たしかに、（　　　　　　　）。

④再主張…（　　　　　　　　　　　　　　　　）。

〈書いてみよう　解答例〉

A　反対

①私は、小学生にスマートフォンを使わせるべきではないと思う。

②なぜなら、知識や判断力の足りない段階でスマートフォンを使うと、子どもの手に負えないトラブルを引き起こしかねないからだ。

③たしかに、周囲の友人が持っているなか、一人だけ持っていないと、不満や寂しさを感じるかもしれない。

④しかし、小学生の友人はたいてい学校の同級生であり、会ったときに話せば事足りるし、動画などのコンテンツは、親と共有のパソコン・タブレットでも楽しむことができる。（だから、取り返しのつかないトラブルを防ぐために、ス

マートフォンは使用させないほうがいい。）

Ｂ　賛成

①私は、小学生にもスマートフォンを使わせたほうがいいと思う。

②なぜなら、子どものうちから触れていてこそ、最新技術を自然に使いこなすことができるからだ。

③たしかに、個人情報を無邪気に明かしてしまうなど、未熟さゆえの失敗も考えられる。

④しかし、身の危険につながることなど、絶対にしてはいけないことをあらかじめ決めて共有しておけば、それほど大きなトラブルにはならない。過保護に守られるより、少々の失敗もしながら、自らスマートフォンやインターネットとの付き合い方を学んでいくほうが、将来にとって有益だ。

〈読んでみよう　解答〉

①意見…これからは共に学ぶ組織づくりが欠かせない。

②理由…なぜなら、社会や組織の流動性が増す今、立場を問わず学び合うことなしには、時代遅れの組織に成るからだ。

③想定される反論…たしかに、人材育成は普通上から下に教えるもので、そうした研修も時に必要である。

④再主張…しかし、全体としては日々の実務の中で教え合うことで、時流に乗った発展が可能になる。

話す中でもトレーニング

○反論する際、「たしかに～」と相手の意見を受け止めてから話そう。

反論されることを想定し、スキのない文章にする

空欄を埋めてみよう

「季節だと、いつが好き?」

「(　　　　)だなぁ」

「それはなんで?」

「それは……(　　　　　　　　　　　　　)」

「あんまり共感できないかも。具体的にどういうところがいいのかな?」

「たとえば……(　　　　　　　　　　　　　)」

ある主張に賛成か反対か。Aか、Bか、それともCか。この状況にどう対処するか。複数の意見が対立する状況で、自分自身の考えを述べるのは難しいものです。相手が違う意見の場合、まず耳を貸してもらうこと自体が大変です。ましてや、説得して向こうの意見を変えさせるのは、困難を極めます。「こちらのほうが正しい」「自分の案のほうが優れている」ということを論理的に説明し、納得してもらわなくてはなりません。

そういう場面で、論理的にスキのない文章を書きたいという人は多いでしょう。ここで有効な小技が「いちいち反論してくる読み手を想定する」です。31ページ、121ページでも書きましたが、自分とは逆の意見の頑固者を想定して書くのです。そういう頑固者はまず「あなたの意見は何?」と迫ってくるはずです。気の合わないあなたの話など、長々と話を聞く気がないですからね。その要求に応えることを意識すると、結論を最初にズバリと言い切る習慣が付きます。

なお、そういう人の場合、自分が質問したにもかかわらず、こちらが意見を言うと「え？ 何でそう考えるの?」と詰め寄ってくるはずです。そう考える理由や意見の根拠を説明してあげましょう。相手に釣られて感情的な言い方になってはいけません。

あくまで、冷静に淡々と説明します。

そう言ったところで、「どういうこと？　本当にそう？」と突っかかってくるかと思いますが、そのときは相手が納得できるよう、例やデータを挙げながら詳しく説明します。

ここまで説明が進めば、相手もある程度は認めざるを得ません。ただ、頑固な相手だと、まだ素直に受け入れたくはならないわけです。諦めずに、「でもさー？」と反論してくることでしょう。そこは「たしかに○○という面もあるねぇ」と同意する態度を見せます。自分の意見に自信あるからこそ見せられる、大人の余裕です。そのうえで改めて反論し、一気に叩きます。その程度なら想定済み、と言わんばかりに、相手の不安や反論を一つひとつつぶしましょう。イメージはウェブサイトなどのQ＆Aコーナー（FAQ）。こまごまとした点まで、解決しておきます。

そこまでくると、相手もさすがに「まぁ、そうか……」と頷かざるを得なくなるでしょう。こちらの意見を呑《の》んでくれそうになった段階で、熱意や確信を込めた力強い表現で、自分の意見を再度主張しましょう。営業で言う「クロージング」です。迫力に押され、「わかったよ……」となるはずです。

読み手に、逆の意見の頑固な人を想定し、今のようなやり取りをイメージしながら文章を書くと自然に、

①意見
②理由（＋具体例）
③想定される反論
④反論への反論（＋再主張）

という前節でご紹介した4STEPの構成で、文章を書くことができるのです。

構造的に考えるのが得意な人は、先ほどの4STEPの型で構成メモを作ってから書く方法がおすすめです。しかし、あらかじめ全体を考えるのは苦手という人は、本節で述べたこちらの言うことにいちいちイチャモンを付けてくる読み手を想像する手法のほうがやりやすいと思います。

ここで、もう一度まとめておきます。

「あなたの意見は何？」➡まず意見を端的に述べる
「え？　何でそう考えるの？」➡理由・根拠を述べる
「どういうこと？　本当に？」➡具体例を挙げて説明する
「でもさー？」➡されそうな反論を先回りして述べる
「そうでしょ？」➡相手からの反論を一つひとつ打ち消す
「まぁ、そうか……」➡ダメ押しの再主張を述べる

こういう手順で、頑固な読み手の「わかったよ……」の言葉を引き出すイメージで書くといいわけです。

練習問題　書いてみよう

若いうちは少しぐらい無理してでもガムシャラに働いたほうがいいと思いますか、思いませんか。逆の意見の頑固者からのイチャモンに応えるかたちで、自分の意見を明確化してみましょう。

「あなたの意見は何？」➡
「え？　何でそう考えるの？」➡

「どういうこと？　本当に？」⬇
「でもさー？」⬇
「そうでしょ？」⬇
「まぁ、そうか……」⬇

〈書いてみよう　解答例〉

「あなたの意見は何？」

⬇若いうちは少し無理をしてでも、ガムシャラに働くべきだ。

「え？　何でそう考えるの？」

⬇いろいろ教えてもらえる年齢のうちに、できるだけ多くの経験を積んでおいたほうがいい。

「どういうこと？　本当に？」

⬇先輩の営業に同行させてもらえたり、上司が時間を取って助言してくれたりするのは若いうちだけ。その間にたくさんのことを学んでおくべき。

「でもさー？」

⬇たしかに、無理をし過ぎると体を壊す。

「そうでしょ？」

⬇ただ、四、五十代に比べれば、体力がある時期なのは

「まぁ、そうか……」

間違いない。

↓自分の心身の健康が保たれる範囲を把握したうえで、さまざまなことに挑戦すればいい。そうして、視野や人脈を広げ、能力を伸ばしておくことで、三十代以降の過ごし方の選択肢も増える。

これを一つの文章にまとめると、次の通りです。筋の通った、わかりやすい文章ができていますよね。

若いうちは少し無理をしてでも、ガムシャラに働くべきだと思います。いろいろ教えてもらえる年齢のうちに、できるだけ多くの経験を積んでおいたほうがいいからです。先輩の営業に同行させてもらえたり、上司が時間を取って助言してくれたりするのは若いうちだけなので、その間にたくさんのことを学んでおくべきです。たしかに、無理をし過ぎると体を壊す恐れがあります。ただ、四、五十代に比べれば、体力がある時期なのは間違いありません。自分の心身の健康が保たれる範囲を把握したうえで、さまざまなことに挑戦し、視野や人脈を広げ、能力を伸ばしておくことで、三十代以降の過ごし方の選択肢も増えるのです。（285字）

話す中でもトレーニング

◎企画や提案を出す前に、いつも噛みついてくる人に意見を求めてみよう。
◎文句や指摘を言われたとき、ムッとせず、根気よく回答してみよう。
◎プレゼンや営業の前に、自分なりの想定問答集を作って臨もう。

まめに「まとめ」を付ける

次の文章の見出しはA～Cどれがいいでしょうか

独身の私は、特に実家に用事もなく、実家から足が遠のきがちだ。その日はたまたま、アイドルグループのライブに遠征するついでに、数年ぶりに帰郷していた。すると、駅で「●●ちゃん！」と声をかけられた。振り返ったものの、誰だかわからない。怪訝《けげん》な顔をしてしまっていたのだろう、「○○だよ～忘れちゃったの」と怒られた。そう言われて初めて、記憶の線がつながった。何せ十年ぶりだったのだ。同じアイドルに熱狂していたオタク仲間だった。大学進学以降すっかり疎遠になっていたが、当時は親友と呼んでいいぐらい仲よくしていた。かつてスレンダーだった彼女は、少しぽっちゃりした体型になっていた。背中には赤ちゃん、右手には3歳ぐらいの子を連れていた。私は、トートバッグからはみ出しそうなライブ用のうちわを押し戻しながら応じた。

A　再会　　　　B　十年ぶりの親友との再会

C　十年ぶりに再会したヲタ友はしっかり母になっていた

皆さんは文章を読む際、どれくらいの集中力を持って読んでいますか？

好きで仕方ない小説であれば、細部に至るまで注意深く読むかもしれません。しかし、新聞や書類となると、見出しや重要そうなところだけを拾って、ざっと眺める程度ではないでしょうか。スマホでニュースやメールを見る場合も、どんどんスクロールをして流し見ということが多いのでは——？

そこで重要になってくるのが、まとめを付けることなのです。

軽く読み流されてしまうことを前提としたウェブメディアでは、記事タイトル、導入文、小見出し、本文中の太字強調、最後のまとめ、と何回も何回も要点を強調している例が見られるほどです。

それはしつこいにしても、

- タイトル（キャッチコピー、見出し）
- 文章の始め
- 文章の終わり

と3回程度はまとめを付けたほうがいいでしょう。

タイトルや冒頭の段階で結論まで言うか、結論は伏せておくかは、ケース・バイ・ケース。もう一度、問題の選択肢を見てみてください。こういう場合、小説や歌であれば、Aのように漠然とした題名を付けることが多いですね。

しかし、ウェブ上の記事のタイトルだとしたら、あまり効果的ではありません。ぼんやりとした見出しの場合、読んでもらえないケースが多いからです。Bのように概要がわかるようにするほうがいいでしょう。

近年では、Cのように、文章の結論や文体の雰囲気までわかるように書く例も増えています。その文章の読み手や掲載媒体をイメージし、読んでもらいやすいタイトルを選びましょう。

目を引くキャッチコピーの例を一つご紹介しましょう。２０１８年６月に「NewsPicks」（ソーシャル経済メディア）が出した新聞全面広告のタイトルです。

広告全体としては、「世の中の変化を見ず、価値観をアップデートできないような凝り固まった大人ではダメだ。NewsPicksは今知るべき情報を提供し、頭を若返らせるメディアだ」という趣旨だったのですが、この文章の見出しとして、

さよなら、おっさん。

という、実に挑発的なキャッチコピーが付いていました。

掲載媒体は日本経済新聞ですので、いわゆる「おっさん」がよく読むメディアですね。文章を細かく読めば、この「おっさん」というのは、性別や年齢の問題ではなく、古い価値観で凝り固まってしまった人のことだと定義されているのですが、ぱっとキャッチコピーが目に入った段階では、そのようなことは思いませんね。

これを目にした40代以上の男性は、まるで「オマエなんて時代遅れの存在なんだよ」と言われている気分になり、ムッとしながら広告を読んだのではないでしょうか。そうして読んでもらえた段階で、広告としては成功なのです。さらに、この挑発的なコピーがインターネット上でも話題になり、日頃、日本経済新聞を読んでいない層にまで、この広告は届くことになりました。

このように、コピーライターの書くキャッチコピーには、目を引く、うまい見出しが多いのです。プロの仕事にはかないませんが、注目を集めやすい見出しの書き方は押さえておきましょう。

- **問いかけ、考えさせる**
- **具体的な数字を入れる**
- **誰もが共感するツボを突く**
- **実利をアピールする**
- **挑発的なフレーズを使う**
- **意外な事実・データを紹介する**

・強めの言葉、ブランド的な単語を取り入れる
・セリフにする
・時事ネタを取り入れる（古びてしまいやすいので、注意が必要ですが……）

こうした見出し、キャッチコピーの付け方としては、書籍のタイトルが参考になります。たとえば、近年のベストセラーも、右の法則に従った書名の付け方をしています。

問いかけ『なぜ一流の男の腹は出ていないのか？』（小林一行、かんき出版）
挑発的なフレーズ『九十歳。何がめでたい』（佐藤愛子、小学館）
実利をアピール『1日1分見るだけで目がよくなる28のすごい写真』（林田康隆、アスコム）

せっかく手間暇をかけて書いた文章です。読んでもらい、要点をわかってもらうために、うまいまとめを付けるようにしましょう。

練習問題　読んでみよう・書いてみよう

次の文章を読み、小見出しを考えてみましょう。

　転職をして最初に驚いたのは、人間は意外に適応能力があるということだ。前の会社に新卒採用で入って8年、内勤で、完全にその会社しか知らなかった私だが、転職して1週間もすれば、新しい会社に慣れていた。もちろん、転職先の同僚に恵まれた、というのはあるが、勢いで飛び込んでしまいさえすれば、人はその環境に慣れるのだろう。

　また、会社によって価値観や決まりが違うということを実感した。1社しか知らなかった昔は、会社が言うことが絶対だと思い込んでいた節がある。社会人の世界にも複数のルールがあるのだ。今の会社で理不尽な常識を押し付けられても、「ふーん、この会社ではこういう考え方なんだな」という感じで、冷静に受け止められそうだ。

　一番大きかったのは、自分には価値があるんだ、ということだった。前の会社で人間関係に行き詰まり、失敗続きで退職を決心した私は、完全に自信を失っていた。だから、新しい会社に受け入れてもらえ、要領の悪いなりに、任された役割を担うことができていることで、自己肯定感を取り戻せた。

〈読んでみよう・書いてみよう　解答例〉

基本のシンプル見出し：転職を経験して気付いた３つのこと

具体的かつ情緒的（ブログタイトル風）：精神的にどん底を迎えて退職した私が、初の転職で見付けた３つの救い

話す中でもトレーニング

○意見を述べる際、「○○について話します」「メリットは3点。1点目は……」といったラベリングを意識しよう。

字数別に要約を作るコツがある

空欄を埋めてみよう

6月19日、国務長官と国連大使が会見を行い、「アメリカ合衆国は国際連合人権理事会から離脱する」との意思を表明した。

⬅（ ）に1字ずつ入れ、要約しよう

□、□□人権理から□□□□

国語学習の究極は、要約と言われます。文章の論旨・要点を短くまとめて表すのが要約ですが、これは、

①要点を見抜く読解力
②簡潔にまとめる記述力

の両方の実力がないとできないからです。

中高生を指導していても、要約の答案を見れば、生徒の国語力がだいたいわかります。賢い子の要約は的確で明快なのです。しかも、書くのが速い。国語の苦手な子が30分も40分もかけて書くのに対し、得意な子は5分、10分で書き上げてしまいます。しかも、クオリティが圧倒的に高いのです。

逆に言えば、うまく要約ができるようになれば、読解力と記述力のどちらも伸びていると言えます。要約を書くのは大変ですが、実は一石二鳥のトレーニング方法です。総合的に力を伸ばせるアプローチが要約なのです。

要約練習として、おすすめの字数が１００字です。

ツイッターの最大投稿字数が１４０字なので、それよりは少し短い程度です。口頭で読むと、15～20秒程度の長さです。

練習素材として使えるのが、新聞の社説です。約１０００字で、一つの主張があるので、まとめやすい分量・内容の文章なのです。

- **何について語っているか（話題）**
- **書き手はどう考えているのか（結論）**
- **どうしてそう考えるのか（根拠・理由）**

この3点を押さえることで、明快な要約ができます。

なお、読み終えた本の感想を書くなかでも、要約の練習ができます。一冊の本にはたくさんの内容が詰まっていますが、

- **何についての本なのか（話題）**
- **この本の面白い点はどこか（見どころ）**
- **自分はどう感じたか（感想）**

という3点にしぼって100字にまとめるのです。重要な点を見極める練習になり

ます。しかも、自分にとって何が面白かったか、自分はどう感じたか、を中心にまとめるので、「その人ならでは」の読書記録ができます。

『少女パレアナ』は、パレアナが周囲を感化し、ポジティブに変えていく物語。秘訣は、何でも前向きに捉える「よろこびの遊び」。私はクヨクヨしがちだが、辛い状況でこそ学べたことに注目する前向きさを持ちたい。(99字)

このような感じですね。

「100字要約」に慣れたら、2倍の長さの「200字要約」も練習すると、文章を構成する力が付きます。

字数を増やすときに意識すべきは、次の3要素です。

- **対比(「○○は～だが」「これまで～だったのに対し」など。譲歩(「仮に～しても」も)**
- **理由(「～ので」「～から」。「～するため」などの目的も)**

・例（「たとえば〜など」「〜のように」）

字数を増やすと、話が飛んでしまう人もいるのですが、対比・理由・例の3要素を追加すると意識すれば、話題のブレがなく文章を長くすることができます。

逆に、字数をしぼり込む際には、対比・理由・例を削ることを意識するといいのです。それらを削れば、ズバリ結論だけの文章になります。字数で言うと、40字程度の要約です。ワードの標準設定が1行40字ですが、その1行で要約するという訓練もしてみましょう。

なお、40字にまとめられるようになれば、前節で取り上げた、まとめ見出し作りもすぐにできます。ヤフーニュースの見出しが13字。それを一つの目安として練習するといいでしょう。

結論の40字から見出しの13字にしぼる場合、贅肉《ぜいにく》を落とすことが必要です。冗長な表現を削り落としていくのです。

まず、できるだけ略称を使うようにすること。新聞などの見出しでは、ロシアは露、イギリスは英など、国名が一字の漢字で表されています。他にも、ワールドカップを

W杯、ゴールデンウィークをGWなどと略するのは定着しています。略語を活用して字数を削るのです。

ROE（自己資本利益率）、CPA（一人あたりの顧客獲得単価）といった専門的な略語もあります。知らない人もいますが、特定の業界内・会社内では当たり前の言葉として流通している略語がありますよね。わかる人しか読まないような文章であれば、積極的に略語を使ってしまえばいいでしょう。

また、名詞的表現を心がけるのも短縮の鍵です。

できる限り頑張ってもらいたい［14字］ ⬇ 最大限の努力を［7字］

新しく出した本が人気を博している［16字］ ⬇ 新作がヒット中［7字］

冒頭の問題でも、次のように簡略化・名詞化することができます。

・アメリカ合衆国 ⬇ 米

・国際連合 ⬇ 国連

・離脱するとの意思を表明⬇離脱表明

こうした省略を活用すれば、

6月19日、国務長官と国連大使が会見を行い、『アメリカ合衆国は国際連合人権理事会から離脱する』との意思を表明した。

という56字の内容を、

米、国連人権理から離脱表明

という13字の見出しにまとめることが可能になるのです。

このとき、見出しの目的・役割によって、

- 結論を隠す／結論を隠さない
- 注目するよう煽る／淡々と伝える

・専門用語が通じる前提／一般向けという点を使い分けるようにしましょう。

練習問題　読んでみよう

100字要約をする前提で、次の「元の文章」（約1000字）を読みましょう。省くところに（　）を付けたり、使うところに線を引いたりしてください。解答例に掲載されている「100字要約」と見比べ、大事なところを押さえられているか確認してください。

【元の文章】

「生産性向上」「業務効率化」「働き方改革」が叫ばれて久しい。ただし、多くの会社では、「ぱっぱと仕事を進めろ」という精神論に終わったり、形式的な残業規制を行うだけだったりするケースが多い。「明日はNO残業デーだから」と前日に夜中まで残って仕事をしているなんて笑い話もある。ある時刻で強制消灯する制度を作っても、小さな電灯で仕事をしているとか、家に持ち帰って仕事をしているとかいうのでは、かえって作業効率は悪化しているだろう。

そもそも、同じ作業を短時間でやるというのは無茶な話である。無茶を強いると、職場の雰囲気や人間関係が悪化し、そのひずみの部分にいる人が心身を病んでしまいかねない。

働き方の改革・改善は、流行りだからやるというものではない。利益をしぼり出す手段でもない。やるからには、職場の人全員がより幸せになることを目指さなくては意味がない。そして、表向きだけを整えても無意味で、職場の実態が変わるようにしなくてはならない。そのために心がけるべき策は二つである。

一つ目は、無駄や非効率を省くということである。メールで共有すれば済むことを読み合わせるような会議はなくせばいい。社内でのプレゼンテーションで、きれいなスライドや分厚い資料を作る必要はない。趣旨が伝わり、採否が判断できれば十分である。前例や慣例という言葉を禁句にし、ゼロベースで必要性を検討したい。他社・他業界を知っている中途採用者に積極的に意見を求めよう。

二つ目は、システムに人を合わせるのでなく、人にシステムを合わせることである。システムに柔軟性がなく、それが人を振り回している例が多い。

ＩＴツールも人事制度も、社員を守るためにあるのだと心得たい。面談でも日頃のコミュニケーションでも、上司は部下の声をよく聞こう。彼らの不満やストレスを減らす方向に仕組みを変えられないか、常に検討すべきである。

以上の二つの策を実現するために欠かせないことがある。それは、マネジャー層の決断の重要性である。実は、新しく何かを始めることよりも、既にやってきたことをやめたり変えたりするほうが難しい。それは、部下には勝手に判断できないことである。「〇〇はやめる」「●●制度は改める」と上の人がきっぱり決断してこそ、職場は変わるのである。

〈読んでみよう　解答例〉

生産性向上と言われるが、精神論や形式的改革に終始しがちである。職場全員の幸福度を高めるため、無駄・非効率を省き、システムを人に合わせる改革を行いたい。不可欠なのが、マネジャー層の決断力である。（96字）

練習問題　書いてみよう

右の「読んでみよう　解答例」からさらに、①40字要約②13字要約を作成してみましょう。

〈書いてみよう　解答例〉

①生産性向上には、無駄を省き、システムを人に合わせるという上司の決断が必要だ。（38字）

②生産性向上の鍵は上司の決断（13字）

話す中でもトレーニング

◎他の人が長く話したら、それを「それは〜ということですね」と短くまとめ直してみよう。

◎自分の説明が長くなったら、最後に「つまり」「要するに」と10秒程度の要約を付けよう。

第5章

「書く」の実践トレーニング

何でも書こうとする貧乏性は卒業。一点に集中する

どちらの旅行会社が印象に残りますか？

A 愛されて30年。蓄積されたノウハウで、それぞれの地を満喫できるプランをご提案します。史跡も写真映えの風景も回ります。一流旅館の料理は大満足間違いなし。バスはくつろげるデラックスシートを採用で快適。しかも、個人旅行よりも、交通費・宿泊費がお得に！

B 当社ならではの上質な旅。寺社・美術館の貸切プランで、国宝・重要文化財の美術品をゆったりご見学いただけます。

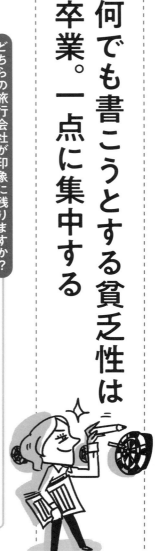

私たちはつい、ダラダラと文章を書いてしまいがちです。特に、個人的に思い入れのある内容だと、言いたいことがいろいろあって、それを全部詰め込んでしまうことがあります。

右の問題、Aはいろいろあってお得な感じがするかもしれません。ただし、どの特徴も、いろいろな旅行会社で言われていそうな感じです。旅行を検討する際には、複数の会社を検討するのが普通ですから、いくつもパンフレットを見ているうちに、Aの会社は埋もれてしまう恐れがあります。

それに対し、Bの旅行会社は、特徴を一つにしぼり込んで記述しています。これだけシンプルに一メッセージを打ち出されると、その特徴が記憶に残ります。パンフレットをあれこれ見比べた後にも、「あの国宝貸切プランの会社」と思い出せるはずです。

自分の意見を主張したり、自社の商品・サービスをアピールしたりするとき、私たちはついいろいろなことを言いたくなりますが、そういう貧乏性は卒業しましょう。

浴びるように大量の情報に触れる現代です。たくさんのポイントを盛り込んでも、受け手はそんなに処理しきれません。あれこれ言えば言うほど、輪郭がぼやけてしまうだけです。それよりも、一点で鋭く刺したほうがいいのです。

私は以前、婚活支援の会社に勤務していた時期があるのですが、婚活サイトのプロフィールでも、貧乏性ゆえに損している人がたくさんいました。たとえば、こういうプロフィール。

都内で働く会社員です。料理は決して上手ではないけれど、そこそこ自炊はしています。邦楽ロックはいろいろ聴いていて、ライブにも行きます。海外ドラマを見たり、本を読んだりするのも好きです。アニメとかも見ないわけではないです。優しい人とおだやかな結婚生活を送れたらと思っています。子どもも好きです。

実際に会えば魅力的な人なのだと思いますが、婚活サイトには何千人もの人がプロフィールを投稿しています。この人と同じようなプロフィールの人はたくさんいるでしょう。無難な分、特に印象に残らないのです。

婚活サイトでは、無数の人のプロフィールを見比べて、アプローチを送る人や、メールを返す相手を選ぶものです。特徴がはっきり出ているほうが有利です。あれこれ書くよりも一点に集中したほうが、「海外ドラマ好きのAさん」「邦楽ロック好きのB

さん」のように覚えてもらいやすいのです。

一点に決めたら、その一点を掘り下げるのもポイントです。海外ドラマが好きと書くにしても、「『ブラックリスト』という作品が好きです」とはっきり書いておけば、「私も海外ドラマは好きなのですが、『ブラックリスト』は見たことがなかったので、今度見てみたいと思います」などとメッセージのキッカケが生まれます。

他にやってしまいがちな失敗が、遠足の作文パターンです。小学生は遠足の思い出について作文を書くときに、朝から順番に書いてしまいがちです。

> 朝は八時に学校に行き、八時二十分にみんなで歩いて、A駅に行き、電車に乗りました。電車には三駅分乗って、B駅で降りました。B駅に行くのは、ぼくは初めてでした。B駅からは一列になって、C公園まで歩きました。遠かったので、途中で田中くんと佐藤さんが「もう疲れた」と言いました。ぼくはまあまあ平気でした。

このような感じで、順に書いていくのです。最初はこうして詳しく書いているのですが、だんだん書くのに飽きたり疲れたりするのでしょうね。肝心の部分にたどり着く頃には力尽きてしまっている作文も多いのです。本来、遠足のメインだったはずのイベントが、

飯ごう炊さんをしました。カレーはおいしかったです。

とあっさり終わっているケース多し！「もったいないな〜」と思います。

書く側も読む側も集中力は限られているのですから、一番の感動ポイント、もっとも重要な結論を中心にして文章を書くべきです。言わなくてもわかること、言っても結論に影響しない情報は省いてしまいましょう。

学校に何時に集合しようが、電車に何駅分乗ろうが、飯ごう炊さんのカレーの味は変わりませんし、遠足の感動が鮮明によみがえるわけではないので、別に書かなくていいのです。

逆に書いたほうが効果的なのは、感動の中心に関わる部分です。飯ごう炊さんはどのような手順で進め、何が難しかったのか。どんな工夫をしたのか。誰が活躍したの

か。食べてみたら、どうおいしかったのか。「おいしい」以外にどんな気持ちを抱いたのか。そうした結論につながる部分を詳しく書けばいいのです。

先ほどの文例で言えば、「C公園まで歩きました。遠かったので、途中で田中くんと佐藤さんが『もう疲れた』と言いました」の部分などは、取り入れようによっては劇的な効果を生みます。行くまで苦労したことを書いておけば、その疲れが飯ごう炊さんのカレーで吹き飛んだというドラマを描き出すことができるからです。

もちろん、調査報告やマニュアルなどで、時系列の情報を網羅的に記録しなくてはならないことはあります。ただ、それ以外の場合では、感動や結論を中心に書けばいいのです。その部分を裏付けたり盛り上げたりする情報を詳しく書けばよく、そうでない部分は省いていていいのです。

せっかくだから、とあれこれ盛り込みたくなったら、章や節を区切って別に書きましょう。小見出しを立て、一つの小見出しには感動・結論は一点というふうにしたほうが伝わるのです。

練習問題　書いてみよう

「一点集中」を意識し、自分の仕事のやりがいについて200字程度の文章を書いてみましょう。

練習問題　読んでみよう

次の文章は「一点集中」が守られていません。余計な文を3つ指摘しましょう。

①本日の研修は、個人情報の取り扱いについてです。②講師として（株）Tマネジメントの田中太郎さんをお招きしています。③田中さんは1973年生まれ、東京大学のご卒業です。④内閣サイバーセキュリティセンターに勤務なさっていた時期もあり、IT社会における情報管理の専門家です。⑤顧客情報の収集・共有・管理の体制、ウイルスに感染しないための注意事項などについてお話しいただきます。⑥一人の職員が杜撰《ずさん》なだけで、企業全体として顧客や社会からの信頼を失う事態になりかねません。⑦他の企業でも政界でも、一人の不祥事が全体への不信につながっています。⑧一人ひとりが本日の研修を通じ、個

人情報の取り扱いについて十分に理解しておきましょう。⑨次回の研修は「業務効率化のいろは」（佐藤花子氏）です。

〈書いてみよう　解答例〉

国語講師として働く中で一番やりがいを感じるのは、生徒が「国語の勉強は面白い！」と感じてくれた瞬間です。「国語なんて嫌い」と漏らしていた生徒が、「先生の授業がキッカケで国語が好きになってきた」と言ってくれると、教師冥利に尽きます。どうせ受験のために国語を勉強しなければいけないのなら、嫌々やるのでなく、楽しんで勉強してもらいたい、その好奇心を将来の読書や学問につなげてもらいたいと考えています。

〈読んでみよう　解答〉

余計な３文は、

③（研修内容に関係がないプロフィール）

⑦（個人情報の取り扱いとは関係ない不祥事の例）

⑨（この文章はあくまで本日について。段落や記載場所を別にすべき）

改善後 本日の研修は、個人情報の取り扱いについてです。講師として（株）Tマネジメントの田中太郎さんをお招きしています。内閣サイバーセキュリティセンターに勤務なさっていた時期もあり、IT社会における情報管理の専門家です。顧客情報の収集・共有・管理の体制、ウイルスに感染しないための注意事項などについてお話しいただきます。一人の職員が杜撰なだけで、企業全体として顧客や社会からの信頼を失う事態になりかねません。一人ひとりが本日の研修を通じ、個人情報の取り扱いについて十分に理解しておきましょう。

話す中でもトレーニング

○人に評価・指摘のコメントをするとき、一点に話題をしぼろう。

○自分のアピールポイントを一つ決め、「●●といえばAさん」と言われるように、コミュニティの中でキャラを確立させよう。

賛成？　反対？　誰もが納得の意見文を書こう

空欄を埋めてみよう

「富士山に登らない？　山頂からの景色は最高らしいよ！」
「うーん……。（　　　　　）で見れば十分かな。それに（　　　　　）にかかって上まで行けない人も多いらしいし、山頂に着いても（　　　　　）に恵まれないかもしれないしね」

仕事の中では、新しい企画を提案したり、人のアイデアに賛成したりするようなポジティブな意見表明もしますし、他の人の企画や現状のシステムの問題点を指摘するネガティブな意見表明をする機会もあります。本節では、ポジティブ・ネガティブそれぞれについて、説得力のある意見を書くコツをご紹介します。
まず、ポジティブな提案、賛成の意見表明です。説得力を生み出す方程式を覚えておきましょう。

インパクトの大きさ　×　実現可能性　＝　説得力

両方高ければ、文句なし。一方が弱いようであれば、もう一方をアピールし、この掛け算の答えができる限り大きくなるよう文章を書くのです。

①インパクトの大きさ

「実現したら、これだけ売上が変わる」と客観的な数値でインパクトを示す場合もあれば、「現実になったら、こんなにも面白い」と主観的に夢を語る場合もあるでしょう。どちらを選ぶかは読み手のキャラクター次第です。あの人なら、どちらの言い方が響くか、と想像して調整しましょう。インパクトの大きさが共有できれば、実行までの道のりが少々険しかろうと、皆で乗り越えようという気になるものです。

②実現可能性

実行過程の確実性が高く、うまくいきそうであることを説明します。スケジュールや作業分担などを具体的に示すことで、これなら確実にやれそうだな、というイメージを読み手と共有します。インパクトの小さい地味な企画の場合は、こちらの確実性を押し出すことで、提案を通すことができるはずです。文章を書くことだけでなく、文章にする前の十分な想定・準備が求められます。

では逆に、反対の意見表明を書く場合にはどうしたらいいでしょうか。基本的なアプローチとしては、賛成派の掛け算の弱さを指摘することです。つまり、

インパクト不足　×　実現不可能　＝　説得力不足

というツッコミを入れるのです。最初の穴埋め問題でも、このツッコミをやってもらいました。「山頂からの眺めが素晴らしい」と言ってくる賛成派に対し、「写真」で見れば十分だと言います。これは、インパクトの否定です。そして、「高山病」にか

かってしまう人がいることや「天候」に恵まれない不安を続けるのです。これは、順調に景色を見られる可能性の低さを述べて、掛け算の答えを最小化する話し方です。

徹底的に反論したい場合は、掛け算の答えが限りなく小さくなることを指摘したうえで、さらに次のような問題点を指摘しましょう。

①リスクが大きい

生じ得るトラブルの大きさ×トラブルが発生する可能性を説明します。この掛け算の答えが大きければ大きいほど厄介です。可能性はかなり低いとしても、万が一起こった場合に甚大な被害が生じるなら、掛け算の答えは大きくなります。

②変化のストレスが大き過ぎる

既存のやり方などを変えるのには、ストレスが伴います。有意義な変革なら、皆喜んで協力するでしょうが、大したメリットもない割に労力がかかる変更もあります。そのストレスを説明します。

③そもそもやるべきではない

今流行っているからウチもやってみよう、というノリで始まる企画があります。飲食業なのに、なぜか仮想通貨事業に乗り出そうとしている、という笑い話みたいなことが現実に起きたりします。そういうトレンドに乗っかる企画は、会社や組織などのビジョンと噛み合っていないものです。原点に立ち返って考えてみませんか、実は要らないのではないですか、と問いかけましょう。

練習問題　読んでみよう

次の文章を読んで、どの部分が「インパクト」、どの部分が「実現可能性」に当たるか、線を引いて確かめてみましょう。

顧客からの問い合わせ・苦情に対応するカスタマーセンター部門で、在宅勤務制度を導入すべきだと思います。柔軟な働き方ができることで、現在2割の離職率を大幅に減らし、人材の採用・教育のコストを減らすことができます。ここ5年間で、育児休業に入った女性社員のうち、職場復帰せずに辞めた人や復帰後2年以内に退社した人が合計40パーセントを超えます。彼女たちのうち、在宅勤務制度があれば続けられた人も多かったはずです。現状、顧客対応の8割以上はメールです。出社せずとも、インターネット環境さえあれば、クラウド上の情報共有で業務は可能です。電話での問い合わせには1日あたり5名程度の出社当番を決めておけば、十分対応できます。業務の性質上、顧客管理システムへのログインやメールの送信状況から勤務態度の把握もできます。

練習問題　書いてみよう

身のまわりや世の中で行われているプロジェクトを一つ取り上げ、反対意見を書いてみましょう。次の①～⑤のそれぞれの観点から書いてみましょう（箇条書きでかまいません）。

①そのアイデアには賛成派が言うほどのインパクトがない
②実現過程に不確定・不安定な部分が多すぎる
③リスクが大きい
④変化のストレスが大き過ぎる
⑤そもそもやるべきではない

〈読んでみよう　解答〉

顧客からの問い合わせ・苦情に対応するカスタマーセンター部門で、在宅勤務制度を導入すべきだと思います。（インパクト）柔軟な働き方ができることで、現在２割の離職率を大幅に減らし、人材の採用・教育のコストを減らすことができます。ここ５年間で、育児休業に入った女性社員のうち、職場復帰せずに辞めた人や復帰後２年以内に退社した人が合計40パーセントを超えます。彼女たちのうち、在宅勤務制度があれば続けられた人も多かったはずです。（実現可能性）現状、顧客対応の８割以上はメールです。出社せずとも、インターネット環境さえあれば、クラウド上の情報共有で業務は可能です。電話での問い合わせには１日あたり５名程度の出社当番を決めておけば、十分対応できます。業務の性質上、顧客管理システムへのログインやメールの送信状況から勤務態度の把握もできます。

〈書いてみよう　解答例〉

私立高校の週５日制から週６日制への変更案に対して

①「インパクト不足」週１日増やして授業時間を増やすことで、成績がそれほど伸びるとは思えない

②「実現不可能」子育て中の教員や外国人スタッフから「週6日になるなら退職する」という声が上がっており、人が足りなくなる恐れがある

③「リスク」週6日制に急遽変更することで、志願者が減少する恐れがある

④「変化のストレス」部活動の試合や校外活動のスケジュールはすべて土曜休みを前提に組まれており、それを他校とも調整のうえで組み直す必要が生じる

⑤「そもそも」生徒の自主性を高めようという学校の教育方針と、授業時間を増やして縛り付けるプランが嚙み合っていない

話す中でもトレーニング

◎インパクトばかりを語る人に対し、実現可能性を尋ねてみよう。

◎自分の意見・提案をプレゼンする際、事前にツッコまれそうなことを想定し、答えを準備しておこう。

説得力のある自己PRが気軽に書ける方法

空欄を埋めてみよう

私の名前は（　　　　　　　　　）です。住んでいるのは（　　　　　　　　　）です。
仕事は（　　　　　　　　　）で、好きな音楽は（　　　　　　　　　）
です。

さあ皆さん、右の空欄は埋められましたか?

きっと埋められたことと思います。

自己PRとか自己紹介とか言われると、「いや、自分には、そんなわざわざ言うほどのコトはないよ……」と委縮してしまう人も、こういう穴埋め形式であれば、抵抗なく書けることが多いのです。

私が子どもの頃、クラスの女子の間で、サイン帳が流行っていました。右のような空欄が何十個もある紙を友だち同士で渡し合うんです。趣味だとか、好きなタイプだとか、私の〇〇ランキングだとか——。答えを書き込んで友だちに戻すのですね。書くのは面倒臭くも、楽しいことでした。

インターネット上でも、定期的に、サイン帳のようなツールが流行します（「〇〇さんに100の質問」「前略プロフィール」「ザ・インタビューズ」「Ask.fm」「Sarahah」「質問箱」など。どれかやってみたことがある人もいるのでは）。自分語りには抵抗を感じる人も、誰かに尋ねられて答えるという形式は好きな場合があるのです。

就職の自己PRや、SNSなどのプロフィール文を書くのが苦手だという人は、自分をアピールするぞと身構えず、サイン帳を完成させるつもり、質問に答えるつもりで書くといいのです。

長所は——。

これまでの転機になった出来事は——。

一つずつ、質問に答えるつもりで書いていくのです。エクセルなどの表の形式で書いてみたり、口でしゃべったものを書き起こしてみたり、自分にとって抵抗の少ない方法で答えていきましょう。

アピール内容に説得力を持たせるには、項目ごとに、次の①〜③の構成で書くことを心がけるようにします。これも一つずつ質問に答えるつもりで書くと、埋まりやすいです。

①アピールポイント（一言で！）
②詳細や根拠（①を詳しく、あるいは、①の力が身に付いた理由を述べる）
③実績（①を裏付ける、数値の実績や具体的なエピソードを述べる）

たとえば、私が長所について書くなら、「①行動力があります。②興味を持つと、すぐに実行に移します。③たとえば、古典を面白いと感じ、自ら地元で勉強会を立ち上げました」という感じです。

就職の自己ＰＲであれば、そこにさらに次の項目を付け加えます。

④受ける業界・職種・企業との結び付け（①の力は受ける先でどう活きるかを説明する）

たとえば、転職に際して前職での経験を述べるのであれば、

①前職では、ＳＮＳを活用による見込み客獲得、購入促進を担当しました。

②宣伝部のウェブ部門に属し、自社ブランドのウェブサイト運営を担当していましたが、アクセスを増やすためにＳＮＳ活用を提案し、自ら責任者を務めました。特に、ツイッターの運用に力を入れました。

③1年間でブランドのツイッターアカウントはフォロワーを10万人獲得し、前年比でサイトアクセス２５０パーセント、サイト経由の売上４００パーセントを達成しました。

④貴社の運営するポータルサイトには、信頼性の高く、貴重な情報がたくさんあります。それを20～30代にもっと知ってもらうために、ＳＮＳ活用の面でお手伝いしたいと考えます。

というふうになります。自己ＰＲがうさんくさく見えてしまう人もいますが、③のような実績が入れば、客観的で信頼できるアピール文に仕上げることができます。

また、採用する側にとって一番気になるのは、

「この人はうちの会社にとって役に立つのかどうか」

という点です。どれだけ熱心に長所をアピールされても、どれだけすごい実績を聞かされても、それらが、自社の業務と結び付くイメージが湧かなければ、

「で、それはうちにとって、どう役に立つの？」

で終わりなのです。④があってこそ、採用する側は「こいつ使えるな」「貢献してくれそうだな」とイメージしやすくなるのです。

もし、④が書けないようなら、そのアピールポイントはその会社に対しては使えないということですので、別のアピールポイントを取り出しましょう。

練習問題　書いてみよう

就職（転職）することをイメージし、200〜300字程度の自己PR文を書いてみましょう。

①アピールポイント
②①の詳細や根拠
③実績
④受ける業界・職種・企業との結び付けの4段階を意識してください。

練習問題　読んでみよう

次に載せたのは架空の小説家のプロフィールです。同じ人物を3つのパターンで紹介してみました。どのような状況で、誰に向けて書かれたものか考えてみましょう。

①1985年宮城県生まれ。2006年、慶應義塾大学在学中に『定年』で文藝賞を受賞し、小説家デビュー。証券会社勤務の経験を踏まえた社会派

小説に定評があるが、近年は時代小説にも挑戦するなど、作風を広げている。２００９年に野間文芸新人賞、２０１０年『他愛もない背中』で芥川賞を受賞。

②商学部卒業（07年）。在学中に小説家としてデビュー。現役大学生小説家として注目を集める。証券会社に就職した後も執筆活動を継続し、２０１０年に『他愛もない背中』で芥川賞を受賞。現在は専業作家として精力的に作品を発表する。趣味は実益を兼ねた株式投資。

③第一小学校から第二中に進み、北高・慶應《けいおう》義塾《ぎじゅく》大を卒業しています。大学生のうちに、小説家としてデビューしました。２０１０年に『他愛もない背《せ》中』という作品で芥《あくた》川賞を受賞し、これまでにたくさんの作品を発表しています。子どもの頃の夢はサッカー選手だったそうです。１９８５年生まれ。

〈書いてみよう　解答例〉

①私は人前で話すことに抵抗がなく、わかりやすく、印象的に説明することが得意

です。②塾やカルチャースクールの講師として15年間、週30時間以上教壇に立ってきたからです。③公民館等でのシニア向けの講演会を２００回以上経験していますが、参加者からは「難しいと思っていた古典文学が身近なものに感じられた」とのご感想を頂戴しています。④貴社は最新技術を活かした画期的な製品を提供していますが、主たる購買層のシニア層に対し、製品の魅力や価値を十分にお伝えするという点において、私はお力になれるはずです。

〈読んでみよう　解答〉

この問題を通して、同じようにプロフィールを書くとしても、読む人によって情報の取捨選択が行われることを実感していただければと思います。就職・転職のエントリーシートなども、業界や会社が変われば別物になるのです。

①単行本や文芸誌に掲載される、オーソドックスなプロフィール文です。文学好きの読者に向けての文章ですので、受賞歴が他より詳しく書いてあります。

②卒業大学名が省略されていることから、慶應義塾大学関係者の目にする資料であることが予想されます。活躍するＯＢを招いての授業・講演でしょうか。学

部名が明記されていますし、株式投資が趣味であることにも触れられています。文学的な話をするというよりは、キャリア形成やライフスタイルについて話をするのでしょう。

③普通なら言及されない、出身小学校・中学校にまで触れていることから、これは、母校の第一小学校、あるいは、出身の自治体で配布される資料だと考えられます。講演会で配られたり、インタビュー記事に添えられたりするプロフィールでしょうか。子どもの頃の夢の話があり、難しい漢字にはふりがなが付けられていますので、ターゲットは小学校高学年程度です。

話す中でもトレーニング

- 初対面の人に対する自己紹介を組み立ててみよう。「初めまして」から「よろしくお願いいたします」までで15秒以内のものを作ってください。仕事関係・プライベートの2種類、作成してみよう。
- 就職・転職のための面接を想定し、30秒程度の自己PRを作成し、練習してみよう。

志望動機は謎かけだ

空欄を埋めてみよう

①ぎゅうぎゅうの満員電車とかけまして店の看板と解きます。
その心は　どちらも（　　　　）でしょう。

②ビールとかけまして付き合い始めのカップルと解きます。
その心は　どちらも（　　　　）と不満です。

右の空欄、埋められますか?

①は「のれん」。「(電車に)乗れん」と「(店の)暖簾」をかけています。②は「あわないと不満です」。「泡無い」「会わない」ですね。この遊びは謎かけと呼ばれてい

ます。

2010年頃にブレイクした、お笑い芸人のねづっちさんが「整いました！」と言って、即興謎かけを披露するのを見た記憶がある人も多いのではないでしょうか。

その基本形は「Aとかけまして、Bと解きます。その心はC」。

多くの場合、Cは「乗れん」と「暖簾」のようなダジャレなのですが、

「ミニスカート」とかけまして「結婚式のスピーチ」と解きます。その心は「短いほど喜ばれる」。


というネタ（3代目三遊亭遊朝）があるように、共通点の部分は同音異義語でなくてもいいのです。一見何の共通点もなさそうなAとBに、意外なかたちで共通点があるというのが面白く、「うまいな〜」と感心させられます。

この謎かけの発想は、文章を書くときにも応用することができます。こちらは少々使い古された例ですが、

結婚生活はマラソンだ。どちらも、長い間、飽きずに投げ出さずに地道に走り続けなくてはならない。

というように、二つのものの共通点を語るかたちで文章を書くことができるのです。

この書き方は、志望動機を書くときにこそ生きます。謎かけの基本形を用いて、「私とかけまして、御社と解きます。その心は◯◯」のかたちで発想するのです。すなわち、

A＝私の興味・関心や能力、将来のビジョン、これまでの経験

B＝御社（会社の事業・ビジョン・組織風土、担当業務）

の二つのどこかに共通点がないかを考えるのです。

仕事に応募するとき、「よさそう」「面白そう」という直感で選ぶ人もいるでしょうし、「条件が合う」という現実的な損得感情で選ぶことも多いでしょう。ただ、それでは志望動機が数文字で終わってしまいます。AとBが仮にかけ離れていたとしても、大喜利に取り組むつもりで、共通点を探ってみてください。

実は私自身もこのやり方で志望動機を書き、転職したことがありました。前述の婚

活支援業に転職したときのことです。大学在学中から8年間、同じ会社で塾講師をしていたのですが、その会社を辞めるときに同業転職禁止という規定があり、別会社に行くことにしました。転職サイトに登録したところ、勤務地などの希望条件が合う会社の中に、その婚活支援サービスの会社があったのです。募集職種は「恋愛・結婚カウンセラー」。人生で一度、こんな経歴を経験するのも面白そうだ、という勢いでエントリー。

A＝私（塾講師）
B＝御社（婚活支援サービス）

の共通点をうんうん悩んだ結果、塾講師と恋愛・結婚カウンセラーの仕事に、

人生の節目に臨む人を、自身の専門的知識や技術でサポートする

という共通点を見出し、志望動機を書き上げることができたのです。

というわけで、志望理由を書くときには、いきなり文章を書こうとせずに、自分との共通点を探すのです。直感的に共通点が何かわかれば、それに従って、自分と志望企業の説明をできるようにしましょう。共通点がなかなか見えてこなければ、自分の価値観や興味を掘り下げたり、志望企業や業界・職種について徹底的に調べたりする中で糸口を探ります。そうして共通点が見つかり、A・B・Cの3点が揃いさえすれば、後は自分の書きやすい順序でまとめるだけです。

試しに、次のようなA・B・Cをもとに志望動機を書いてみます。

A＝私（前職はIT系のベンチャー企業で、ライフスタイル改善アプリの開発）
B＝御社（働く母親のライフスタイルを変える育児・家事支援システム）
C＝共通点（事業を通じ、世の中に新しいライフスタイルを提案）

A
⬇
C
⬇
Bの順

これまで私はIT系のベンチャー企業でアプリを企画し、実際の開発にも携わっていました。それは、自身の時間の使い方を見える化することで、ライフスタイルの改善をサポートするスマホアプリでした。「自身の仕事を通じ、世の中に新しいライフスタイルを提案したい」「人々がより満足度の高い生活を送ることを手助けしたい」という思いのもとに働いてきたのです。今回応募したのも、貴社が「マムキュー」という画期的な育児・家事支援システムを提供しているからです。働く母親に新しいライフスタイルを提案している点に感銘を受けました。プログラミングの技術により貴社の事業拡大に貢献し、より多くの人々のライフスタイルを豊かなものにしたいと考えています。

C➡B➡Aの順

私は、仕事を通じ、世の中に新しいライフスタイルを提案したいと考えています。人々がより満足度の高い生活を送ることを手助けしたいのです。貴社を志望したのも、「マムキュー」という画期的な育児・家事支援システムを構築し、働く母親に新しいライフスタイルを提案していることを知り、感銘を受けたからです。これまでは、IT系のベンチャー企業でアプリを企画し、実際の開発にも携わっていました。それは、自身の時間の使い方を見える化することで、ライフスタイルの改善をサポートするスマホアプリでした。前職で培ったプログラミングの技術を活かし、貴社の事業拡大に貢献し、より多くの人々のライフスタイルを豊かなものにしたいと考えています。

この「私とかけまして、御社と解きます。その心は●●」方式で志望動機を書くことができれば、他でもないあなたが、数ある会社の中でこの会社に応募したということの必然性が感じられて、熱意や誠意を印象付けることができるのです。

練習問題　書いてみよう

自分が次の企業を受けるとしたら、どのような志望動機を語りますか？「私とかけまして、御社と解きます。その心は●●」方式で考えてみましょう。

- ビジネス書を中心とした出版社
- 鉄道会社
- アパレルの会社

〈書いてみよう　解答例〉

貴社のビジネス書を愛読してきましたが、高度な内容でも読みやすく面白い本が多いと感じています。それは、著者と読者の間に入る編集者のご尽力の賜物だと考えます。私は塾講師として15年間、難しい内容をわかりやすく生徒に話すことを仕事にしてきました。この経験を活かし、受け手の顔を想像しながらわかりやすく情報を届けられる編集者になりたいと考えています。

話す中でもトレーニング

- 何かを好きになった理由、何かに興味を持った理由を謎かけ方式で説明してみよう。
- 周囲の人の何かを好きな理由、その仕事を選んだ理由について、謎かけ方式で分析してみよう。

わかりやすく、自分ならではの感想文を書く

空欄を埋めてみよう

アンパンマンとは……

アンパンマンという（　　　　）が、

（　　　　）を目論《もくろ》む（　　　　）をやっつける話。

皆さんは「ログライン」という言葉を聞いたことがありますか?

映画用語で、映画のあらましを簡潔に表現した一文のことを言います。細部や脇のエピソードを省き、本筋だけを示します。

皆さんに右で穴埋めをしていただいたのもログライン。アンパンマン各話のログラ

インです。

アンパンマンという正義の味方が、世界征服を目論むばいきんまんをやっつける話。

細部が削ぎ落とされて、物語の骨組みがはっきりします。映画の企画会議や賞の審査でも、ログラインでおおよそのよし悪しが判断されるそうです。脚本家がシナリオを書く際にも、作品の意図を明確化するためにまずログラインを書く人が多いそうです。

ログラインの定番の型は「Aな主人公が、Bに出会い、Cをする」。

正義の味方のアンパンマン(A)が、世界征服を目論むばいきんまん(B)をやっつける(C)。

家族愛を知らない女子高生(A)が、大家族(B)に居候し、自信と夢を見出す(C)。

ここで、AとBにギャップがあればあるほど、その葛藤がドラマになり、面白い作品になるわけです。正義の味方に悪いヤツ、家族愛を知らない女子高生に大家族。こういうかけ離れた取り合わせであるほどいいのです。

映画や小説、マンガなどの感想を書く場合、最初のうちにこうしたログラインを入れることで、読み手にとって親切な感想文ができます。

ただし、Cの結末まで書いてしまうとネタバレになりますので、Cは伏せて書かれることが多いですね。「一体どうなる!?」と思わせて止めるわけです。

主人公・アユは家族愛を知らない女子高生。夏休み、急に大家族に居候することになって——。

この「Aが（Aとギャップのある）Bに出会い（Cをする）」という型は使い勝手がよく、音楽や写真集、絵画、飲食店などを紹介する際にも活用することができます。

A 明るい応援歌が人気の×××が、B 失恋の悲しみと徹底的に向き合ったC 極上のバラ

ギャップ

ード。

では、エッセイやビジネス書・実用書の感想を書く場合、それらの本をまとめる場合にはどうしたらいいでしょうか？

そうした本の説得力や魅力は、３つの要素から成っています。

①誰が語っているか（WHO）

たとえば、羽生結弦選手が書いた本と聞けば、多くの人が気になるでしょう。

②何を語っているか（WHAT）

著者は無名であっても、その本でしか読めない貴重な内容が書いてあれば読みます。

③どんな観点から語っているか（HOW）

昔から論じられているテーマであっても、新しい切り口で語られれば、新鮮な気付きが得られそうです。

この3要素を述べれば、だいたいどのような本かわかるのです。たとえば、この本なら、次の通りです。

【誰が】予備校の国語講師が
【何を】ビジネスパーソンの文章術を
【どんな観点から】身近で親しみやすい例文を用いて解説する

どのようなジャンルの作品も、作品概要をここまで紹介した方法でまとめた後に、

- **その中での見どころ**
- **見どころに対する自分の感想**

を書くことで、感想文ができあがります。字数に余裕があれば、見どころを複数挙げることもできるでしょう。WEBなどに載せるのであれば、さらに、

- **どういう人におすすめか**
- **注意事項は何か**（上級者には物足りないかもしれない、など）

を続けることで、あなたの感想文は親切な紹介になります。

練習問題　書いてみよう

お気に入りの本や映画の感想文を250〜300字程度（ツイート約2〜3回分！）で書いてみよう。

〈書いてみよう　解答例〉

予備校の国語講師である吉田裕子さんが、ビジネスマンに向けて書いた文章術の本で、親しみやすい例文・解説が特徴だ。細かい文章表現以上に、そもそも文章の内容をどう考えるかについてのアドバイスが充実している。私は普段、何を書けばいいのかを悩んで、パソコンの前で「うーん……」と頭を抱えてしまいがちだ。しかし、この本の第1章・第5章を使えば、手が止まることもない。文章に対し、苦手意識がある人でも、この本を読めば、わかりやすい文章をパパッと書くことができるようになるだろう。論文調のかっちりした文章の書き方を知りたいという人は、他の本のほうがいい。

話す中でもトレーニング

○「○○どうだった？」と感想を聞かれたときに、「AがBに出会い、Cをする」の型、もしくは「誰が、何を、どんな観点から」の型で説明してみよう。

5つのキーを体得すれば手紙を書くのも楽しい

選んでみよう

これはいつ頃のイメージですか？

風薫る　3月・5月・9月

うっとうしい時期ですが　4月・6月・12月

暦の上では秋ですが、暑い日が続いています。　8月1日頃・8月15日頃・9月1日頃

本書では「意見・理由・具体例」の3点セットや、「意見・理由・逆の意見・反論」の4STEPの型を紹介してきました。

実は、手紙だって同じなんです。型を守って書くことで、迷いが減り、書く時間の短縮につながります。

手紙の型というと、堅苦しい礼儀作法のような感じがして気が重くなる人もいるでしょう。でも、あの作法というのは、実に理にかなっているのです。

手紙はＬＩＮＥなどと違い、送ってもすぐには返ってきません。時間がかかるメディアです。その時間の隔たりが、心理的な距離を感じさせます。少しよそよそしいわけです。

そんな状況、まずどう感じるでしょう？――何だかぎこちない。気まずいわけです。だから、無難なところから入りましょう。当たり障りなく話せる、季節や気候の話題から入ります。いわゆる時候の挨拶です。

冒頭にこの時候の挨拶クイズを入れてみました。「風薫る」は5月の初夏の快い風を指し、「うっとうしい時期」は梅雨のじめじめした頃の決まり文句。暦の上で秋になるのは8月7日前後の立秋ですので、「暦の上では秋ですが」は8月15日頃に使う言い回しです。ただ、恐るるなかれ。何月に何を書くかが厳密に決まっているわけではないのです。あなた自身の季節の実感でいいのです。相手が「そうですねぇ」と相槌を打つようなものであれば、何だってかまいません。

心の耳に、相手の「そうですねぇ」が聞こえ、「会話のキャッチボールができた！」という気持ちになったところで、「最近はどうですか？」と近況を尋ねます。質問しても、返事はかなり先になるしなぁ……と感じるのであれば、「きっとお元気ですよね」と話しかける感じにします。健康でありますように、と願いを込めて。

便箋に余裕があれば、ここで自分の近況を知らせましょう。おかげさまで元気にやっています、という程度でかまいません。ここまでが前置きです。

行を改めて「さて」と書いて、本題に入ります。ここがメインです。ここがエネルギーの注ぎどころです。ここを考えるのにこそ集中力を使いましょう。

だいたい伝えたいことを伝え終わったら、締めくくりの挨拶に行きましょう。またいつ連絡ができるかわかりません。どうかそのときまでお元気で……という想いを込めて、相手の健康や活躍を祈って筆を置きます。

――が、そこでまだあふれ出る思いがあれば、追伸に。本題とは関係ないけれど、伝えたかったこと。仕事上の手紙であれば、一段階くだけたことを書くのがここです。

私自身の経験でも、旧知の方から、新しい仕事の依頼の手紙をもらった際、追伸の部分に「そういえば先日、壇蜜さんと共演されていましたね。羨ましいです」とありました。まさにこのような感じで使うのが、この欄です。

以上を整理すると、

①時候の挨拶
②相手への気遣い
③自分の近況報告
④本題
⑤締めくくりの挨拶
(⑥追伸)

です。この①〜⑤の型の前後を「拝啓」「敬具」、より気を使う相手なら「謹啓」「敬白」で囲めば、手紙の完成です。①〜③を飛ばしていきなり④に入るときは「前略」「草々」で囲みます。

これが手紙の型です。

いわゆる手紙のマナーなのですが、マナーと身構えて肩肘張らずとも、媒体の特性を把握して想像をめぐらせれば、自然とこのかたちに着地するものです。それに、多少順番が前後しようと、気持ちがこもっていれば、相手は悪い気はしません。

フォーマルな会社としての手紙でなければ、個性がにじむのも問題なし。たとえば、自分の話をするのはどうも気が引けるという人は、③を省略してもいいし、③を追伸のところにさりげなく入れてもいいわけです。

マナーはあくまで気持ちをかたちにするための手段として利用しましょう。

練習問題　書いてみよう

次の文例（開店祝いにお花を贈ってくださった方へのお礼状）の空欄を埋めてみましょう。

拝啓（　　　　　　　　　　　　）。
お健やかにお過ごしのことと存じます。
こちらは（　　　　　　　　　　）。
さて、このたびは（　　　　　　）。
（　　　　　　　　　　　　　　）。

お近くにお越しの際には、どうぞお気軽にお立ち寄りください。ご来店を心よりお待ち申し上げております。
末筆ながら（　　　　　　　　　　　　　　　　　　　）。
敬具
九月二十日
株式会社◆◆◆◆　吉田　裕子
大屋　主水様

〈書いてみよう　解答例〉

拝啓　（**朝夕過ごしやすい時期となってまいりました**※1）。

お健やかにお過ごしのことと存じます。

こちらは（**ようやく一息つくことができたところです**※2）。

さて、このたびは（**真心のこもった開店祝いをお寄せくださり、心より御礼申し上げます**）。

（**大屋様からのお花を眺めながら、開店にこぎつけた喜びと誇り、そして皆様へ**

の感謝を噛みしめておりました※3）。

お近くにお越しの際には、どうぞお気軽にお立ち寄りください。ご来店を心よりお待ち申し上げております。

末筆ながら（**大屋様のご健康とご活躍をお祈りしております**）。

敬具

※1　九月二十日という条件をもとに、気候を想像して書けていたらＯＫ。他には「爽やかな季節を迎えました」「食べ物のおいしい時期ですね」「虫の音に秋を感じる今日この頃です」「コスモスが秋風に揺れる季節となりました」「実りの秋です」など。

※2　開店という文脈に合わせた近況報告。一般的な「つつがなく過ごしております」などでもかまいません。

※3　形式的な挨拶の後に、個人的な実感のこもる一言を添えられると、手紙にその人の体温が宿ります。

練習問題　読んでみよう

次の手紙は、二十代半ばの芥川龍之介が塚本文という女性に対して送った手紙です（旧仮名遣いを現代仮名遣いに改め、区切り目のわかりにくい部分に「、」を施しました）。離れた相手を想像しながら書かれた心温まる手紙、ぜひ読み味わってみてください。

大正五年八月二十五日朝　一の宮町海岸一宮館にて

文ちゃん。

僕は、まだこの海岸で、本を読んだり原稿を書いたりして暮らしています。何時頃うちへかえるか、それはまだはっきりわかりません。が、うちへ帰ってからは文ちゃんにこう云う手紙を書く機会がなくなると思いますから奮発して一つ長いのを書きます。

ひるまは仕事をしたり泳いだりしているので、忘れていますが、夕方や夜は東京がこいしくなります。そうして早く又あのあかりの多いにぎやかな通りを歩きたいと思ひます。しかし、東京がこいしくなると云うのは、東京の町がこいしくなるばかりではありません。東京にいる人もこいしくなるのです。そう云う時に僕は時々文ちゃんの事を思い出します。

文ちゃんを貰いたいと云う事を、僕が兄さんに話してから何年になるでしょう。(こんな事を文ちゃんにあげる手紙に書いていいものかどうか知りません)

貰いたい理由はたった一つあるきりです。

そうしてその理由は僕は文ちゃんが好きだと云う事です。

勿論昔から好きでした。今でも好きです。その外に何も理由はありません。

僕は世間の人のように結婚と云う事といろいろな生活上の便宜と云う事とを一つにして考える事の出来ない人間です。ですから、これだけの理由で兄さんに文ちゃんを頂けるなら頂きたいと云いました。そうしてそれは頂くとも頂かないとも文ちゃんの考え一つできまらなければならないと云いました。

僕は今でも兄さんに話した時の通りな心もちでいます。

世間では僕の考え方を何と笑ってもかまいません。世間の人間はいい加減な見合いといい加減な身元しらべとで造作なく結婚しています。僕にはそれが出来ません。その出来ない点で世間より僕の方が余程高等だとうぬぼれています。

兎に角、僕が文ちゃんを貰うか貰わないかと云う事は、全く文ちゃん次第できまる事なのです。僕から云えば勿論承知して頂きたいのには違いありません。しかし一分一厘でも文ちゃんの考えを無理に脅かすような事があっては、文ちゃん自身にも文ちゃんのお母さまやお兄さんにも僕がすまない事になります。ですから文ちゃんは完《まった》く自由に自分でどっちともきめなければいけません。万一後悔するような事があっては大へんです。

僕のやっている商売は今の日本で一番金にならない商売です。その上、僕自身も碌《ろく》に金はありません。ですから生活の程度から云えば、何時までたっても知れたものです。

それから僕はからだもあたまもあまり上等に出来上がっていません。（あたまの方はそれでもまだ少しは自信があります。）うちには父、母、叔母と、としよりが三人います。それでよければ来て下さい。

僕には文ちゃん自身の口からかざり気のない返事を聞きたいと思っています。

繰返して書きますが、理由は一つしかありません。僕は文ちゃんが好きです。

それでよければ来て下さい。

この手紙は人に見せても見せなくても文ちゃんの自由です。


一の宮はもう秋らしくなりました。

木槿の葉がしぼみかかったり弘法麦の穂がこげ茶色になったりしているのを見ると、心細い気がします。僕がここにいる間に書く暇と書く気とがあったら、もう一度手紙を書いて下さい。「暇と気とがあったら」です。書かなくってもかまいません。が、書いて頂ければ尚うれしいだろうと思います。

これでやめます。皆さまによろしく

芥川龍之介

話す中でもトレーニング

○手紙の型を意識しながら、久しぶりに会う相手、少し苦手な相手と挨拶してみよう。

○スピーチやプレゼンの入り方、終わり方の型を作ってみよう。

おわりに

毎年、夏休みには小学生の読書感想文講座を担当しています。
読み終えた本を持って集合。３時間の講座で、みんな原稿用紙３枚の作文を書き上げて帰って行きます。書き方がわかると、小３の子も１２００字書けるのです。

読書感想文は憂鬱な宿題の代名詞のようになっています。それが書き終わるというので、保護者の方にも好評な講座なのですが、子どもたち本人も清々しい顔で帰っていきます。その表情を見ていると、単純に宿題が終わった嬉しさが半分、そして、自分の思いを自分で言葉にできたという達成感が半分、という感じがします。

感想文を書き上げる過程で話を聞いていると、どの子も自分ならではの観点で本を読んでいて、感想文の種としていいものを持っています。それがうまく言葉にならないまま、胸の中でくすぶっているだけなのです。

なんてもったいないことだろう、と思います。せっかくいいものがあるのに！

ただ、この状況は大人だって同じではないでしょうか。

まじめな働き者なのに、履歴書やエントリーシートが下手だから、伝わらない。

会えばいい人なのに、メールが無愛想だから、伝わらない。

おいしい店なのに、ブログやＳＮＳの発信が苦手だから、伝わらない。

そうした現象は世の中にあふれているのではないでしょうか。

いやー、惜しい！

何とももったいない！

この「もったいない」の気持ちが私にこの本を書かせました。

まず、大人だって自分の思いをきちんと言葉にできれば、すっきりします。達成感があります。

そして、書き上げた文章は、人とつながったり人に働きかけたりする道具になります。

何をどう書いたらいいかがわかり、速く文章を書けるようになれば、どんどん書いて発信することができます。業務の指示や報告もまめに出せるでしょうし、インターネットを通じて広く発信することで、新たな出会いがあるかもしれません。

私も、こうして本を書いて発信することで、読者のあなたに出会うことができました。

この本をお読みくださったお一人おひとりが、書く力を武器にして、世界を広げたり深く味わったりできますように。

２０１８年９月吉日

吉田裕子

［著者］

吉田裕子（よしだ・ゆうこ）

国語講師。

三重県出身。公立高校から、塾や予備校を利用せずに東京大学文科三類に現役合格。教養学部超域文化科学科を首席で卒業後、学習塾や私立高校などで講師の経験を積み、現在は都内の大学受験塾で指導し、東大など難関大学の合格者を多数輩出している。

日本語や古典文学の見識を活かし、朝日カルチャーセンター、ＮＨＫ学園などで、文章の書き方講座などを担当している。

ＮＨＫ Ｅテレ「テストの花道 ニューベンゼミ」に国語の専門家として出演するなど、テレビやラジオ、雑誌などのメディアでも活躍。

著書には『大人の語彙力が使える順できちんと身につく本』（かんき出版）、『大人の文章術』『人生が変わる読書術』（ともに椎出版社）ほか多数。

人一倍時間がかかる人のための

すぐ書ける文章術

――ムダのない大人の文章が書ける

2018年９月12日　第１刷発行

著　者――吉田裕子
発行所――ダイヤモンド社
〒150-8409　東京都渋谷区神宮前6-12-17
http://www.diamond.co.jp/
電話／03･5778･7232（編集）　03･5778･7240（販売）

装丁・本文デザイン――大谷昌稔
イラスト――朝倉千夏
製作進行――ダイヤモンド・グラフィック社
印刷――――勇進印刷（本文）・加藤文明社（カバー）
製本――――ブックアート
編集担当――武井康一郎

ISBN 978-4-478-10663-1